2025 자유문학회 사화집
〈자유自由, 문학文學, 사람들〉

2025 자유문학회 사화집
〈자유自由, 문학文學, 사람들〉

```
      上元甲子
       8937
      +2025
      10962
       5923
       4358
       2576
       2569
       2025
   도서 출판 天 山
```

• 간 행 사

자유로운 문학의 인생을
우리는 산다

<자유문학>이라는 이름 하나로
살아온 삶들을 여기에 기록합니다.

우리는 이렇게 만나왔습니다.
함께 꿈꾸고 있고
남모르게 앓고 있으며
혼자 숨 숙인 채 아파하면서
지금 이 시점인
2025년까지 살아왔습니다.

그 모든 흔적들,
지난했던 호흡과 상념 모두를
이 작은 지면의 공간에 옮겨놓습니다.
부끄럼 없는 우리 정신과 삶을 드러내겠습니다.

계간 <자유문학>과 함께한 35년!

이젠 '자유문학회' 앞길에 남겨진
새로운 35년 그 시작점,
그 이상의 지향점을
이 한 권의 책으로
알알이 꼼꼼하게 새겨놓고자 합니다.

시작은 미풍이어도,
진행과 과정은 태풍이 되리라 믿기에
우리는 담담하고 당당하게
이 한 권의 책을 묶으며
이 하늘 세상 위에 던져놓겠습니다.

<자유문학>을 함께 공유하는,
'자유문학회'에 몸 담고 있는 그대.

그 당신이 이젠 '우리'입니다.

2025년 5월 30일 사화집 출간을 기억하며
자유문학회 회장 오 을 식

축 사

'自由文學'과 자유문학회를 위하여

35년 전 이 땅에 태어난 <自由文學>…. 종로구 서린동에서 10년, 대학로 명륜동에서 10년, 서애로 筆洞에서 15년, 어느덧 35년이 흘렀다. 창간 당시 내 나이 50이었는데, 지금은 85세 백발이 되었다. 그 사이 계간 <自由文學>은 135권이 나왔다.

1991년 10월 15일 펴낸 <自由文學> 창간호의 '창간사'를 다시금 읽어본다. 창간사의 제목은 "해방 공간으로 가는 문학 '自由文學'". 부제는 '新民族文學은 순수·참여 문학을 극복하는 문학이다'.

"순수든 참여든 '自由文學'은 좋은 작품을 기다린다. 신민족 문학을 지향하는 작품이면 더욱 좋다. 신민족 문학은 순수나 참여 문학의 갈등을 극복해 주리라 믿는다. 한민족 문화 정신의 올바른 길잡이가 될 문학이 통합적인 신민족 문학일 것이기 때문이다. 신민족 문학 정신이 정상 궤도에 오를 때, 우리 문학도 세계 문학의 보편성을 획득하리라 믿는다.

'自由文學'은 기성 문예지의 고정 관념을 깨려 한다. 편수·매수·신인·기성의 작품 제한을 풀어버리고, 장르 또한 개방하여 새로운 장시·서사시·시극·청소년문학·외국문학(번역)·신정형시까지도 개발해 나가려 한다. 신인 등림 조건은 작품만 좋으면 된다. 앞으로 자유문협 회원이 1천 5백 명 선에 이를 때 계간을 월간으로 바꿀 계획이다.
바라건대, 통일이 된 다음에도 부끄럽지않은 '自由文學'이 되도록 문림 선후배들께서는 문학 방향을 위하여 바르게 일할 것을 끝까지 보살펴 주시기 바란다. '自由文學'은 문림과 문학 방향을 위하여 바르게 일할 것을 약속드린다. 문인들이 만드는 잡지이기 때문이다. 누구나 기획에 참여해 주는 것을 환영한다.

— 申世薰. '창간사'에서

― 축　사

　자유문학회에 내분이 있어 해체를 시키고 한국자유문인협회로 흡수·통합시킨 지 오랜 시간이 흘렀다. 그런데 작년 1월 '자유문학상' 시상식 뒤풀이 자리에서 재창립 논의가 있었다고 제3대 발행인(신새별)을 통해 듣게 되었다. 허락을 했다. 때가 된 것 같아서이다. 오을식 소설가는 작품 잘 쓰고 사람이 좋다. '자유문학회'라는 작지않은 배의 선장을 맡아주어 고맙다. 함께 노를 젓고 있는 부회장들도 듬직하다.
　또 이렇게 자유문학회 회원들의 작품을 모아 두툼한 사화집을 펴낸다고 하니 대견하고 기쁘다. 이번에는 내가 직접 교정을 보지않았다. 모임에서 알아서 편집하고 교정을 보았다고 하는데 자유롭게 하도록 두었다.

　'자유문학' 출신들은 서로 형제 자매와도 같다. 서로 다투는 때가 있더라도 '자유문학'이라는 한 배에서 태어난 형제 자매들이다. 서로 아껴주고 보듬어 주어야 한다. <自由文學>이 영원할 지는 미지수이나, 이 땅에 뿌려진 신민족 문학 정신이 죽진 않을 것이다. 자유문학회 사람들은 이 문학 정신이 알게 모르게 배어 있으리라 본다. 재창립된 자유문학회의 첫결실 <自由, 文學, 사람들>의 간행을 축하한다.

　　　　　　　　　　2025. 6. 1. 筆洞 '자유문학' 편집실에서
　　　　　　　　　　　계간 '自由文學' 대표 申 世 薰
　　　　　　　　　　　　　　　정리·발행인 신 새 별

목 차 ─────────────────

2025 자유문학회 사화집
자유自由, 문학文學, 사람들

간행사/ 자유로운 문학의 인생을 우리는 산다/ **오을식** /4
축 사/ '自由文學'과 자유문학회를 위하여/ **申世薰** /6

시/시조 ────

강서일	K의 여행 外 /12
고 운	햇살 만지는 남자 外 /15
김길애	낮달 外 /20
김성주	민들레 치과 外 /25
김임생	지천명(知天命) 外 /30
김창제	나사 外 /34
김하진	하얀 달빛 머리에 이고 外 /39
류연경	달빛 이력서 外 /45
문봉선	물의 시선 外 /49
박갑순	양파 外 /55
박경숙과천	봄밤 外 /60
박정희해남	섬집 外 /65
배용수	엄니(阿嬤) 外 /70
신주원	시인의 봄날 그림자 外 /76
신효석	천년의 동화 外 /81
임봉주	목련꽃 지는 날 外 /85
임솔내	미술관 사는 엄마 外 /91
임율려	빛이 걸어오고 있다 外 /94
장수희	너는 혼자가 아니야 外 /99
최 림	소년은 外 /105
하온서	허상을 바라다 外 /111

<時 調>
김여울   산촌의 봄 外 /117

2025 자유문학회 사화집
자유自由, 문학文學, 사람들 ─────────────── 목 차

民調詩·童民調詩────

김가원지향	겨울 애벌레 외 /124
김은형	개나리 외 /129
김하해	할미꽃 외 /134
김현수	개딸개딸 동학군 외 /139
김형근	난, 억세다 외 /144
백상봉	묘한 세상 외 /149
法 眼	도솔천 물소리·1 외 /154
徐 鄕	새봄이 왔다 외 /160
손문자	파도 반어법 외 /165
양봉선	단비 외 /170
呂閨東	달빛 만공 외 /175
오현신	흰하늘 흰그늘 외 /180
이해복	목련 외 /184
趙芝淑	하나가 셋 외 /189

청소년시/동시────

<청시>
김승혁   백설공주는 자라서 계모왕비가 된다 외 /196
신명옥   미운 오리 외 /202

<동시>
박예자   심심할까 봐 외 /209
백두현   엄마가 있지 외 /214
신새별   매달려 있는 것 외 /219
이주남   개미 외 /222
한상순   석수장이 외 /227

9

목 차 ─────────────────────────

2025 자유문학회 사화집
자유自由, 문학文學, 사람들

소설 ──
오을식   달밤 /234
채지민   데미안의 부활 /257

수필 ──
김이진   오페라 나비부인 /278
배덕정   산 정상 화산마을 /285
이예경   아버지의 소원 /290
진우곤   또 한 해를 보내며 /295
한한눌   호로자식에 대한 변명 /299

시 · 시조

<시>
K의 여행 외 2편
강서일

흐르는 물이다
물 위를 떠다니는 꽃잎이다
가지에 꼭 붙어있을 땐
하강이 두렵던 작은 꽃잎이다
알프스 호수에서 노숙하는 백조다
중세의 고성에는 침묵을 기르는 돌감옥이 산다
공중에 매달린 침대도 있다
아프리카에서 건너온 왕실의 상아나이프는
잘려나간 고기의 단면과 핏방울을 기억한다
두 눈 뜨고 대낮을 활보하는 꿈이다
꿈이 부풀어 방언이 터지는 저녁
불에 구운 전갈들이 하얀 접시위에 담겨있다
골목길을 돌아가면 거기 거울의 방이 있다
갈라 터지는 연약한 육체들,
검비섯 핀 돌들이 몇 살이냐 묻는다
다시 물 위를 떠다니는 꽃잎이다
언제 어디로 흐를지,
저 어두운 하늘기러기의 하염없는 날개
조용한 강을 깨우는 성당의 종소리
그 뒷마당에 죽은 자들의 집들이 나란하고
햇살은 아이들과 뒤섞여 놀고 있다
가벼운 현기증 같은 것들이 떠다닌다

*추신: 배낭속의 다음 열차는 칙칙 울어 쌓고 K는 '약하지만 부지런히 나아갑니다.'
*J.S. 바흐.

<시/강서일>
고양이 액체설

고양이는 액체라고 주장하는 사람이 있다*.
맞지도 않는 종이상자에 몸을 맞추고
동그란 어항에도 구겨져 들어가는 고양이는
분명 흐르는 액체다. 딱딱한 책이 아니다.
(그는 분명 시인이며 화가일 것이다.
시인은 엉뚱한 시론으로 언어를 조작하여
새로운 사실을 발견한다. 언어로 고정된
이미지를 흔들어 또 다른 사물을 창조하고
화가는 형태를 부수어 뒷면을 보여준다.)
그렇다면 이 세상의 모든 것은 끝내
시간 앞에 액체다.
나무도 비단뱀도 남한산성도 액체다. 녹아 흐른다,
흐르고 흘러 어느 순간에
기체가 될 것이다. 그러니 사람들이여
금광을 가졌다고 좋아하지 말지어다.
금보다 먼저 당신이 액화하고 기화되어 사라질 것이다.
그럼 우리집 고양이는 액체가 아니라
기체다, 라고 나는 주장한다. 그렇게 우기고 보니
왠지 몸이 가볍고
늦은 봄밤이 더욱 향기롭다, 액체 고양이여!

*프랑스 리옹 대학 물리학연구소 과학자 파르딘 마크-앙투완의 가설.

<시/강서일>
보이지 않는

보이지 않는 시간을 보려고
사람들은 시계를 만들었다

보이지 않는 바람의 길을 보려고
늙은 사냥꾼은
순록의 가슴 털을 공중에 뿌렸다

사람들은 또
들을 수 없고 맡을 수 없는 것을
맛보기 위해

숫자들에게 말하는 법을 가르쳤다

그러자 어느 날
神은

눈 내리는 어느 겨울날,

천지를
하얀 천으로 덮어버렸다

강서일-약력
고려대학교 교육대학원 졸업(영어교육 전공). 1991년 <자유문학>에 시, <문학과 의식> 평론 당선. 시집 <쓸쓸한 칼국수>, <사막을 추억함>, <카뮈의 헌사>, <고양이 액체설>, 시선집 <일주일의 연애>, 번역서 <비틀즈 시집>, <첫사랑 피카소>, <대화의 신> 등. 자유문학상, 한국시문학상, 미당시맥상 등 수상.

<시>
햇살 만지는 남자 외 1편
고 운

햇살을 만지는 남자가 있다

그의 손끝에서 스페인과 포르투갈의 풍경은 초록빛으로 물들고,
기억은 햇살을 타고 흐르며 눈물의 궤적을 그리듯
끝없는 미지의 출구를 향해 나아간다

초록으로 뒤덮인 들판,
그 위를 달리는 안달루시아 종의 잘생긴 말들,
짙푸른 오렌지 나무들 사이로 햇살은
날개를 달고 가볍게 내려앉는다

구름 한 점 없는 푸른 하늘과 직선으로 달리는 자동차들,
그 모든 풍경이 그의 시선 속에서 하나로 어우러진다

그가 넘는 시에라 네바다 산맥이
여행자에게 속삭인다
"너의 걸음은 시간의 지도를 그릴 것이다."
오렌지 향기와 올리브 나무의 그림자는
마을을 감싸며 흙냄새 가득한 하루를 이어간다

새벽의 달빛은 그의 창문 너머에서
노래를 부르듯 떨리고,
햇살은 스스로 몸을 뒤집어
사물에게 이름을 부여한다

그가 만지는 햇빛에는
기쁨과 슬픔, 노여움과 환희가 스며 있다

서쪽의 땅끝마을 까보다로카의 끝자락,
농부는 그를 향해 환히 웃고,
길 위에 남겨진 흔적들은
그의 마음속에서 목적지를 지운다

여행은 종착지가 아닌,
발견의 연속이라는 것을 깨닫는다

알함브라 궁전의 씨앗은
호수 위에서 빛을 품고,
풍차를 돌리는 바람은
과거와 현재를 잇는다

안개 속 소나무를 바라보며 그는 생각한다
"인생이란 신비롭고도 아름다운 풍경이다."

햇살을 만지는 남자의 여정은
지중해의 파도처럼 끝없이 이어진다

그가 걸어온 골목길의 돌들은
이별과 만남의 흔적을 품고,
그의 느린 사랑은
꽃처럼 피어 먼 하늘로 흩어진다

그의 발걸음은 순례자의 마음으로,
길은 그에게 늘 새로운 이야기를 건넨다
여행은 끝나지 않는다   <

햇살을 만지는 남자의 눈 속엔
여전히 초록빛 하늘이 흐르고 있다

<시/고 운>
작은 나를 안아주다

어둠이 가득 찬 방

숨소리마저 메아리치는 곳 나는 눈을 떴고

거기에는 작은 내가 있었다

아가
너는 얼마나 오래 혼자였니 얼마나 많은 밤을 떨며 보냈니
누군가 와줄까, 손잡아줄까 기다리다 지쳐 잠들었니

나는 기억해
지독한 외로움, 이유도 없이 불안했던 날들
특이한 사람, 이상한 사람, 어디에도 속하지 못했던 나를

어릴 적 나는 눈을 감으면 더 깊이 가라앉았어
그곳에서 나는 늘 기다렸어
엄마의 손길, 아빠의 목소리, 누군가 나를 찾으러 와줄 거라는 희미한 믿음

하지만 아무도 오지 않았고 나는 점점 작아졌어
그래서 나는 알게 되었어 버려진 게 아니라
그 누구도 나를 안아주지 않았다는 걸

처음엔 너를 마주할 용기가 없었어
너무 아픈 모습이었거든 너무 처참하고, 너무 불쌍해서

하지만 외면할수록 너는 더욱 깊이 웅크리고 있었지

그래서 다가갔어
네 손을 잡고, 조심스레 말했어
"괜찮아, 너 잘못이 아니야. 많이 무서웠지? 그런데도 잘 견뎠어."
나는 너를 안았고, 너는 처음으로 울음을 그쳤어

그 후로도 너를 찾았어
슬플 때, 외로울 때, 이유 없이 불안할 때
네가 내 안에서 울고 있을까 봐

이제 나는
너를 버리지 않아 너를 사랑해
너를 이해해 그리고 너도 나를 받아들여

우리는 함께야
어떤 어둠이 와도 나는 이제 너를 두고 떠나지 않아

고 운-약력
본명 최치선. 2001년 <自由文學> 봄호 시부 등림. 시집 <바다의 중심잡기> <동진강에서 사라진 시간> 외. 제12회 자유문학상 수상.

〈시〉
낮 달 외 4편
김길애

열사흘 낮달이
하늘에 찍혀 있네

불덩이 하나가
공중에서
낮달을 갉아먹네

저 불덩이
산밑으로 떨어질 때
삼켰던 호흡 토해내려나

낮을 견디는
창백한 얼굴
창공을 서성거리고 있네.

〈시/김길애〉
산을 오르며

겨울산은 얼지 않는다
숲에는 부지런한 뿌리들이 살아있다
나뭇가지 사이를 날고 있는 새
새는 흔들리는 뿌리
알고 있을까
저기 절문 앞
가파른 바위길을 얼마나 오래 지나야
꾸불꾸불한 나의 뿌리 펴질 수 있을까.

<시/김길애>
자 정
- 노원교 위에서

할로겐 길등이 불그림자를 심어 놓고
있었다 간선도로 옆 강물 속에는
검은 물살 위로
팔장을 낀 채 물속을 밀려온
달이 새하얀 얼굴로 불무리를 두르고
있었다 빗장을 푼 자동차 행렬이
백양나무 잎사귀 아래로 흘러내리고
물거울 속 불그림자들이 화들짝
내를 흘러가다 내가 부르니
붉은 늪으로 걸어들어오고 있었다.

<시/김길애>
밤 새

고개를 숙인 네가 보도블록 위에
구두코를 찧고
밤이 전선줄의 등을 짓누를 때

버스가 숨을 몰아쉬며
판결문처럼 목적지를 읊고
차창 커튼을 젖히면
마음 몇 칸이 불빛에 어른거리고

여기에 네가 있고
젊음의 작은 불무덤이 있고
벽오동 꽃송이가 있고,
찢어진 가지위에서 밤새 우는 새

확인할 수 없으나,
몸 밖으로 튀어나오는 것이 있고,
확인되어지는 무엇이 있고.

<시/김길애>
징소리 강물소리

  징이 울렸다 스님의 이마가 아스팔트를 찍고 있었다 신부의 손바닥이 아스팔트를 펼치고
있었다 강물 소리가 났다 나는 두눈을 꼭 감고 강물 소리를 들었다 또 한 번 징이 울렸다
  그을린 눈동자 반짝거리는 낯빛 길 위로 던져졌다 땅 위를 기어가는 가슴팍에 외마디 물새 소리가 새겨지고 있었다

  조계사 네거리에 서서 그 행렬을 뒤쫓으며 길 위에 내 온몸을 여러 번 포개어 보았다
  그날의 숨소리를 만져보았다 밑창 헤진 신발 안에 나는 강물을 풀어 놓곤 했다

  강물이 징 소리를 내며 달려오고 있었다.

김길애-약력
1955년 부산 출생. 2001년 <自由文學> 시부 추천 완료. 시집 <바지락이 해를 물고 있다>, <바람도 목탁을 친다>, <마두금>. 제9회 자유문학상 수상. 박종화 문학상 수상. 노원문협 회장 역임. 현재 자유문학회 부회장.

\<시\>
민들레 치과 외 4편
김성주

황금식당 2층 민들레치과 흐린 유리창에
민들레 피어 있다
해와 달이 곱게만 다녀가신 것은 아닌 듯
뜯겨져 있는 황금 원반

낯선 얼굴들 사이에 누워
툭, 툭, 꽃잎 지는 소리 혼자 듣는다

영토에서 쫓겨난 갈기 빠진 수사자처럼
저 민들레 지워지겠지

어금니 두 개는 그렇게 떠났다

물끄러미 바라보는 황금식당 수족관,
제 세계가 아니어도
바닷장어 어렝이 광어 멍게 소라들
아직 살아 있다

오늘하루
씹어 먹는 일 삼가야 한다는 의사의 말

식당 안 웅성거리는 말들을
우적우적 씹어 넘기는 허기

〈시/김성주〉
달리고 싶은 자전거

자전거를 탄 아이들이 빠져나간 광장
어둠이 점령군으로 왔다

자전거 하나, 달리고 싶은 꿈을 꾸며 모퉁이에 쓰러져 있다

전지전능하신 하늘이 주위를 살피며 조심스레 자전거를 타 본다

양 무릎이 피멍으로 물들며
광장을 비틀비틀 한 바퀴나 돈다

멀리 새벽 종소리 들리고 두런두런 살아가는 소리들이 들려온다

하늘이 황급히 오르고

광장엔

살 부러진 자전거 하나

〈시/김성주〉
찔레꽃 · 1
- 외할머니 영전에서

어머니의 어머니는
질기고 긴 한숨으로
찔레를 키우셨다.

징용서 풀린 지아비
4·3 나던 무자년에 죽고,

아들은 산으로 올라
기축년에 죽고,

딸마저 그해 겨울
눈 위 핏자국으로 갔다.

홀몸 가시로 칭칭 묶고
속돌 연자방아 피멍으로 돌리시다
팍, 터지며
막, 피어난 찔레꽃.

〈시/김성주〉
애월이 코카콜라를

　산고를 치른 바다가 비누로 빨래를 합니다 비룡을 꿈꾸며 정충을 쏟아 붓던 달도 많이 야위었습니다 산고를 치를 때마다 긁어댄 손톱자국 선연한 바람벽 위로 구불텅구불텅 걷는 길, 애월의 올래입니다 포구에는 나이보다 늙어버린 배들이 서로를 토닥거리고 있습니다 수평선, 날선 금줄에 다리가 잘린 목선이 신음을 삼키며 모래톱에 누워 있습니다 메꽃이 상처를 만지며 흔들립니다 망사리 둘러멘 해녀의 맨발 경운기 위에서 아무렇게나 나뒹구는 수박덩이 브로콜리를 갈아엎은 쟁기 허기져 눈알 튀어나온 집어등… 이 못난이들이 마당에 둘러앉아 감자를 찌고 탱자나무 가시로 보말을 까 먹는 애월네 식구들입니다

　그러나 이 이야기는 잠시 멈추어야 할 것 같습니다 몰래 파도를 타고 온 코카콜라 캔이 문제를 일으켰기 때문입니다 호텔 리조트 콘도 펜션 레스토랑 카페… 깃발의 영역을 넓히려는 서부의 총잡이들이 무차별 난사를 하며 몰려오고 있습니다 낯빛 파래진 애월의 업구렁이가 놀래어 잠깬 도대에 올라 발꿈치 들고 달을 부릅니다 발목 그 푸른 심줄을 쓰다듬는 젖은 손이 있습니다

〈시/김성주〉
바다는 조각 중

바다의 내장을 훔친 갈매기를 본다
새끼들이 있을 바위 그늘을 생각하는 동안

바다는 저의 조각물을 몇 걸음 물러서서 본다
또 다가와서 정으로 쫀다

그때마다 정 소리
제 안의 불을 내뿜는 현무암의 비명
어우러져 철썩철썩 파도를 만들고 있는 바닷가 카페

먼저 바다로 간 친구여
넋 놓고 앉은 내가 안쓰러운 것이냐
먼 길을 걸어 내 맞은편에 앉은 너
아무 말 없는 우리
바다가 되고 현무암이 되고
서로 몸 바꾸기를 몇 번

누구의 내장을 훔친다거나
누군가에게 훔침을 당한다거나
삶은 그런 거라고 갈매기가 끼룩끼룩 창가를 지나간다

철썩철썩
바다는 조각 중이다

김성주-약력
제주 출생. 1996년 제21회 '自由文學' 신인상 시부 당선.

〈시〉
지천명(知天命) 외 3편
김임생

부모는 자식이 최고라네
어린 시절 집안 잔칫날엔
우리 집 '양념' 딸이라고 하셨던 아버지

붉은 장미를 그렇게 좋아하시어
앞마당엔 온갖 꽃을 심고
어린 마음은 풍선처럼 부풀었지

붉은 장미 앞에서 사진 한 장
'부끄러워 안 찍는다 예'
'우짜겠노, 참한 우리 공주'
이제야 소리 없는 기쁨을 알아차린다

바둑판 앞에선
군이란 바둑도 할 줄 알아야 한다면서
자상한 친구가 되어 주셨다

어느 날 갑자기
내 나이 지천명에
붉은 장미꽃 속에 편히 잠드신 아버지

지금 어디쯤에서
딸의 모습을 그리고 계실까
알아보기나 하실까

<시/김임생>
보행기

두 할머니 보행기 밀고 지나간다
걸음마를 배우는 아이 걸음
조심조심 발을 옮긴다

볕을 고르더니
양지를 깔고 나란히 앉아
무엇을 생각 할까
합죽한 볼을 오물거린다

어디에 젊음을 다 벗어 놓고
앙상한 다리로 서서
보행기에 의지할까

이마에 새겨진 인생 계급장 사이로
세월의 물결 얼마나 흘렀을지
주름 속에 감춰진 삶이 깊다

굽이굽이 지고 매고
뒤 바꾸며 그려놓은 세상
굽은 등에 무성한 그늘 보행기에 얹혔다

<시/김임생>
소녀와 소년

동지섣달 숨어 있다가
입춘 앞세워
꽃 소식 안고 얼굴 내미는 봄

맑고 신선한 치장으로
수줍어하는 소녀의 볼에
들뜬 향기를 뿜는다

해를 바꿔 찾아와
변함없이 여는 꽃봉오리
닫힌 계절밭에 꿈의 씨앗 심는다

나풀거리는 보리밭 노래
소녀 입술에서 터져나오는 길목
설렘의 종이 울리고

봄이 오는 소리 밟아
소년의 가슴에 피어오르는 아지랑이
티없는 사랑이 싹튼다

〈시/김임샘〉
능소화

양반집 우물가를 밝히는 꽃
능소화아가씨 기다림에 피어나
한밤의 등불로 타오르는 능소화

담장 위에 연등으로 피어나
한낮을 비추는
전설의 아픔을 피운다

소담스럽게 담장을 휘감아
밖으로 얼굴을 내밀어 이웃을 반기고
오가는 발길 멈추게 한다

송이송이 활짝 웃는 모습에
하나하나 눈 맞추면
벙긋거리며 따라 하는 말
사랑하세요, 사랑하세요

초여름 장대비에 뽐내지 못하고
대문 앞에 수북이 쌓인 꽃송이
바람 불 때마다 전해오는 말
조금만 기다리세요, 조금만

김임샘-약력
1953년 경북 금호 출생, 2020년 〈自由文學〉 시부 2회 추천 완료. 한국문인협회 회원, 강북 문협 이사.

〈시〉
나사 외 4편
김창제

내 마음에 박혀있는 나사
조이면 조일수록
단단해지는 힘이다
산이 푸르름을 당기고
하늘이 구름을 당기고
꽃이 아름다움을 당기고
서로가 서로를 조으며
매양 오른쪽을 겨냥하면서 당기고 있다
세월에 헐거워진 사랑을 조으고
조금 행복한 일상을 조으고
그리운 곳으로 추억을 당긴다
꽃이 꽃에게
사랑이 사랑에게
숫나사는 암나사에게
암호 같은 나사산으로 비벼간다
안개의 윤활유로 산은 매끄럽게 대지에 박히고
꽃은 붉게 나뭇가지에 박히고
내 사랑 심장에 박히고
조이면 조일수록 더 단단해지는

<시/김창제>
쇠꽃 심장

고철을 들었던
손바닥에 꽃이 피었다

손금의 줄기 위로 한 송이
꽃

마냥 붉은

내 손에 들린
심장

뛴다

\<시/김창제\>
쇠도 철이 듭니다

절단사의 봉에 들어간 불이
단단한 쇠를 휘어지게 합니다
휘어지며 물컹물컹
굳어버린 고집이
당강당강 잘립니다

망가져서도
부서져서도
어른스러워지는 쇠,
말 못하는 쇠도 철이 듭니다.

노을빛 철이 들어
한 생애가 묵직합니다

<시/김창제>
쇠와 사랑은 · 1

쇠하고 오래 살면
사람 몸에서 쇳소리가 난다
때론 쨍그랑
때론 찡그렁하고
고요도 부딪히면 쭈그러지고 상처가 되듯
속으로 우는 울음 붉은 꽃으로 피고
서로가 어깨를 기대면
단단한 벽, 모서리가 생긴다

쇠도 사랑을 한다
등과 등이 용접된 채
사랑의 바람을 껴안는다
왜 사랑은 오래일수록 목이 마르는지
엉겨 붙어 붉게 녹슬어 가는지
제 살을 찢어 또 다른 세상 열듯이
서로를 녹여 하나 된다

〈시/김창제〉
쇠와 사랑은 · 2

불타는 총구다
구겨지는 칼이다

오늘은 비가 와서

큰대자로 누워 자는 집이다

당강당강 잘려나간 시간이다
지겹도록 엉겨붙는 녹물이다

그러면 보인다

녹물이 스며드는 저녁놀

용접봉 끝에서 탄다

김창제-약력
1993년 〈죽순〉 등림, 〈自由文學〉 신인상 시부 당선. 시집 〈지는 꽃에게 말 걸지 마라〉 외 5권. 대구펜문학상 수상.

<시>
하얀 달빛 머리에 이고 외 4편
김하진

하얀 달빛 머리에 이고 밤길을 걸어요
은모래 반짝이는 해변을 걸어요
달 같은 님 얼굴 두 눈에 담고
두근대는 가슴 님의 품에 묻고
달빛 흐르는 은모래 길을 따라
손 잡고 하얀 달빛 속을 걸어요

하얀 별빛 머리에 이고 밤길을 걸어요
갈바람 소근대는 해변을 걸어요
꽃 같은 님의 자태 두 눈에 담고
사모하는 마음 걸음마다 딛고
별빛 수놓은 은모래 길을 따라
손 잡고 하얀 별빛 속을 걸어요

님은 별빛 나는 달빛
빛으로 아롱진 꿈길을 걸어요

〈시/김하진〉
님과 나

본래 하나입니다
이름만 다릅니다
님과 나입니다

<시/김하진>
어찌할까요

어찌할까요
어두운 내 삶을 등대처럼 비춰주던
당신이 세월 너머로 떠나신 후
달빛 별빛 엮어 집을 짓자던
꽃 같은 약속 낙화처럼 스러지고
텅 빈 세상 홀로 남은 나 어찌할까요

풀잎에 내 여린 어깨 뉘일까요
바람에 내 젖은 눈물 날릴까요
당신을 데려간 세월 너머로
이 세상 미련 없이 떠나갈까요

꽃처럼 피어나던 당신의 미소
가을처럼 깊던 당신의 속삭임
모닥불처럼 따뜻하던 당신의 품속
밤하늘 은하수처럼
내 가슴을 수놓고 있어요

오늘처럼 달빛 한 조각
면사포처럼 내 어깨에 곱게 걸리면
평생 당신에게 하지 못했던 말 한마디
그 말을 목매어 전해요
사랑해요~!

<시/김하진>
나를 만든 것들

모르는 척
별 하나가 지나간다
내 마음에 추억 하나 남기고

모르는 척
사랑 하나가 지나간다
내 마음에 행복 하나 남기고

모르는 척
세월 하나가 지나갔다
내 마음에 흔적 하나 남기고

모르는 척 지나가는 것들은
언제나
하나의 길이 되었고
그 길은 내가 되었다.

〈시/김하진〉
緣 起

탁자 위에 놓인
작은 찻잔 하나

탁자 위에 놓인
작은 찻잔에
부어진
물 한 모금

탁자 위에 놓인
작은 찻잔에
부어진
한 모금 물에
반짝이는
오후의 햇살

탁자 위에 놓인
작은 찻잔에
부어진
한 모금 물에
반짝이는
오후의 햇살을
바라보는
님의 눈동자

탁자 위에 놓인

작은 찻잔에
부어진
한 모금 물에
반짝이는
오후의 햇살을
바라보는
님의 눈동자에
홀연히 사라진
나

김하진-약력
본명 김명주. 1994년 <自由文學> 희곡 부문 당선. <自由文學> 시부 2회 추천 완료. 제17회 노작문학상 희곡부문 수상(2017).

\<시\>
달빛 이력서 외 3편
류연경

달빛이 바퀴를 굴리며 간다
음표 없는 악보는 도시의 이방인이 되어
거리에 흩어진다
그가 있던 자리는 넘기지 못한 페이지로 남아있다

이 골목 저 골목 달빛을 쓸어 담던 사람은 어디로 갔을까
수척해진 바람냄새를 맡으며
충혈된 도시는 통증으로 남아있다

낯선 웃음소리와 낯선 울음소리가 손짓하는 곳에서
시간눈금을 넘어선 과거를 부른다
도시 후미진 그곳 지하에는 카페 '반쥴'이 있다
나만이 알고있는 비밀의 문을 밀고 들어서니
술병 속엔 달빛 찰랑이고
하나 둘씩 오래된 골목이 일어선다

이내 꽃들은 사라지고
바스락 소리에 귓바퀴를 동그랗게 뜬 채 말아 올린다
지하의 비밀통로는 어둠 속 몸을 비틀어 올린다
카페 '반쥴'에선 너에게 불러줄 英詩가 흘러나오고
빼곡이 채워진 달빛이력서엔
잃어버린 네가 있고 그림자 하나
덩그러니 앉아있다

<시/류연경>
도시의 초록뱀

뜨거운 태양 아래 초록 옷을 입고
세상 밖으로 온 너는 바람 속이 서늘할 정도로
한낮의 열기를 씻어주기에 충분했다

유유히 긴 몸통을 흔들며 풀숲으로 들어가
자취를 감춘 너의 흔적은 그 후 아무도 본 사람이 없었다
길섶에 집을 짓고 소리 없이 슬픔의 질량을 내뿜는
한낮의 불청객
도시의 이방인은 낯선 곳에서 출구를 찾지 못해
헤매고 있다

푸른 숲에서 회색빛 언어를 하는 초록뱀
도무지 해독할 수 없는 암호만 가득할 뿐
유난히 어둡고 그늘진 곳만 좋아하는 너는
숨어 숨어 어디로 가는 걸까

유난히 구석을 좋아하는 한 사람이 있었다
고개를 푹 숙이고
잔뜩 움츠러든 그 사람은 오늘도
흡사 초록뱀처럼 위장하고 구석을 지키고 있다

모두가 외면한 보잘것없는 모습
하지만 마지막 남은 빛을 향하여 몸부림치고 있다
언젠가는 허물을 벗고 일어날 그 날을 위해
슬픔을 한 꺼풀씩 걷어내고 있다

<시/류연경>
서서 가는 열차

키 작은 구름이 글썽이는 날
무거운 어제를 메고
목적지도 없이 밤 열차에 올랐다

어둑한 오후를 싣고
갈맷빛 울음소리 귓가를 울리는
그곳을 향해 달린다
마치 눈물을 머금은 내 마음처럼
하늘은 낮아지고
멀리서 파도 소리가 철썩거린다

언젠가 그 이름을 잃어버리고 돌아서던 그 날 밤 냄새
파도가 차오르듯 슬픔이 차오르고 있었다
이 기억을 어떻게 비워야 할까
어쩌면 영영 비우지 못하고
이 짐을 지고 다시 돌아올 수도 있을 것이다

차마 꺼내지 못한 귀퉁이 헐은 편지 한 장이
주머니 속에서 낡아간다
이제는 흐릿해서 알 수 없는 주소를
나는 보지 않고 읽는다
파도는 내 마음처럼 끓어오르고
두고 온 시간들이 천천히 무너지고 있었다
서서 가는 열차는 희뿌연 새벽을 가르며
그곳을 향해 가고 있다

<시/류연경>
생강나무 편지

물소리 나는 골짜기가 발길을 당긴다
살랑대는 봄바람으로 간을 맞추고 노랗게 피어난 너의 모습
개울물에 목을 축이고 노란 등불을 환히 비춘다

꽃잎의 애틋한 사연을 듣는다
외롭게 산속에서 홀로 사는 생강나무
너는 산수유가 피어난 마을로 한 번도 가보지 못했다

가지를 하나 꺾어 냄새를 맡아보니 온몸에서 생강 냄새가 난다
도시에서 찌든 마음의 때를 꽃잎에 헹군다

생강나무 아래에서 편지를 쓴다
바람결에 안부를 전하고 나뭇잎에 주소 없는 주소를 쓴다

마음이 허전할 때 꺼내 보려고
나는 나에게 위로를 보낸다
굽이굽이 언젠가 돌아 내게 돌아올 편지 한 장
"그동안 고마웠어." "수고 많았어."

생강나무 꽃 한 송이 추신으로 붙여 보낸다

류연경-약력
2018년 <自由文學> 시부문 추천 완료. 한국문인협회 회원. 2022년 강북문협 문학상 수상.

<시>
물의 시선 외 3편
문봉선

하루를 위한 양식으로 햇빛을 탐하다

열흘이면 꺾어지고 말
수선화·수수꽃다리
댓돌밑에 엎드려 시어 한 줄에 매달린다
넘겨지지 않는 젖은 책장을 넘기며
수려한 문장을 구걸한다

햇빛 한 점 부여받지 못했다,
물의 경계는 모서리에 피어난 아픔
오목눈이 그 시간을 들여다보다
나에게도 전이 된 칼날같은 톱니바퀴

물줄기 사이 꼬물거리는 잎사귀와
검은 줄기 사이사이 침묵

물을 따라 오르다 만난 사연들이
태고적 기억과 맞물리면
고통과 번민도
아침잠 깨면서 말붙이는 순간
물의 주름속으로 달아난다

〈시/문봉선〉
진심으로 진심을 노래하다

진심이라고 지어보았다
'진심이'
입안에 넣어 혀끝으로 돌돌 말아올린다
'진심이'
한 번 더 공글려보며
진심이라는 말을 입안에 담그면
진실이란 맑은마음으로 둥글어지고파

진심이라 불러보면
진심이 진심으로 울려올까
진심이라고 불러보는 순간 마음이 맑고밝아져올까
혀로 가만가만 굴리면 맑은기운이 온몸으로 퍼져
듣는 사람없어도

다시 되돌아와 내 안에 속다짐하며 울려올까.

〈시/문봉선〉
추사 김정희 눈물화석 새긴다

- 별이 빛날 수밖에 없음은 그 그늘진 어둠을 끼고 살아야 하는
운명의 얼굴을 먼저 보아버렸음이야

1.
수목 어둠, 그늘 그림자
밀려
떠밀려
옥녀봉 자락, 한쪽 무릎 세우고 쭈그려앉은 주암동 양지 땅
택하다, 果山 청계. 관악을

독우물
우물물을 떠다가 하늘그릇에 담으면
청개구리도 따라와 오롯이 잠긴다

바깥 짐승도 저를 먹이던 주인의 오랜 외유를
견디지 못하고 허공을 향해 울부짖는다

배고픈 짐승에겐 먹을 것부터 챙겨야지
마음 고픈 별들에겐 햇인사를 먼저 건네야지

2.
쓸쓸함이 마치 오래된 액자처럼
낙관은 바래고 글씨가 흩어져 버드나무 모가지를 감고
버들잎붓 흔들며 벗감나무 어둔 하늘에 눈물화석을 새긴다
추사 김정희가   <

별들의 눈물은 달의 웃음이야
나무에 새긴 붓끝의 고백
물과 바람의 어깨 둥두렷이 나그네길에 벗이 되어준
먹빛 영혼의 얼

점
점
밝아 오던
하늘 둑길에 하늘 붓별 싱싱 추사체로 피었다.

〈시/문봉선〉
곶감

  그 집 며느리 발뒤꿈치 함 봐라
  버릴 데 하나 없다, 머리부터 발끝까지
  매끈매끈 어디 군살이라곤 찾아볼 수 없는 조선간장 종지처럼 예쁜

  그 집 며느리 혼자 보기 아까워
  칭칭 실로 감고 짚으로 묶고 엮어 처마에 매달다
  바람 은장도 맨살 허벅지에 닿으면 둥기둥둥 햇빛도 칼날극형인지라
  동짓달 기나긴 밤 까맣게 쪼글쪼글 말라가고 있었지러
  소슬바람도 소슬소슬 불어가고 대문 앞 댓잎 바람조차 덩달아 다녀가시며
  싸리나무 울바자 안방 물렛줄 탁탁 심심한 소리 간을 당기듯
  밤낮없이 기웃거리던 구름 망태 줄을 당겨서나 앉혔지요
  혼자 새우는 밤마다 제풀에 지쳐
  길고 긴 어둠과 싸우고 견디다 모가지 축 늘어져
  숙성하고 숙성한 맛 소화 잘돼 더욱 성숙해진다고
  기나긴 동짓달 밤도 어흥어흥
  좋아한다면 무서워진다는 호랑이의 능숙한 달변에는 초를 쳐 돌려보내고
  긴 밤 자고 나니 햇볕도 분이라, 얼굴이 환해졌대요
  오, 하느님이 곶감 하얀 분칠해 놓아 화장발 천연스레 곱게 먹혔네요

  어린 감꽃 석류 바람 물결에 쏴 하고 뚝뚝 떨어지는 소리

한나절 처마에 매달린 쓸쓸함조차 가볍게 떨어지는
그리움도 짓무른 눈 속에 넣어서 아프지 않은
아기 아토피에도 효험이 좋다는 당도 높은 극찬
오만 풍상 잘도 견딘 상이라며, 神觀이라며
병도 주고 약도 주는 곶감 호랑님
동지섣달 달빛, 햇살 앞에 날 선 발톱도 감추고
바람 안방마님의 속곳 고쟁이, 속치마 저고리 중심으로만 돌다가
휘청거리는 지구공
기우뚱기우뚱 한쪽 귀가 쏠려
텅 빈 허공 햇덩이가 하늘 치맛자락 당겨 폭마다 열두 그림자를 그려내면
섣달 3동 그믐쯤엔 立春節이 다가와
아무래도 동짓달 샐녘 분 바른 호랑님은 뒤가 켕기지 않겠어요.

<u>문봉선-약력</u>
1998년 <自由文學> 시부 등림. 시집 <독약을 먹고 살 수 있다면>, <진심으로 진심을 노래하다>, <꽃핀다>, <시와 정치>, 시선집 <하늘 눈물> 등. 과천문협 회장 역임, 제7대 과천시의회 의장 역임. 현재 자유문학회 부회장.

〈시〉
양파 외 4편
박갑순

우리는 눈물을 연습한 적 없다

이제
흐르는 눈물을 단호하게 닦는다

그와 나도 어느 순간
겹겹이 매운 맘을 품고 있다

카페에도 밴드에도
곳곳에 쓰이는 양파처럼
웃고 있는 매운맛

맛있는 외식들은 대개 짜고 매워
삼삼한 맛집은 없다

눈물로 화해하는 양파를 포기할 수 없어
오늘도 조리대 앞에서
매운 그녀와 실랑이한다

내게 매운 말을 쏘아대도
어느결에 단맛으로 한몸이 되는

<시/박갑순>
파 한 단

걸음을 끌고 오는 노파
바람 끝 골목이 차다

아기는 어디로 가고
묵은 유모차보다 더 낡은 노파가
흙 묻은 파를 싣고 온다

캥거루 주머니 달린
여러 해 덧댄 코트를 걸치고
더디게 구르는 바퀴
몸이 한쪽으로 기울었다

시장 좌판에서 늙어버린 노파
손톱이 아리도록 종일 깐 마늘
해거름에 떨이하고
집으로 가던 중년의 여인
마흔 고개 훌쩍 넘어
어느덧 팔순

파처럼 시들어도 놓을 수 없는 생계
굽은 등에
장가도 못 가고 빈둥빈둥
속 썩이는 아들 하나 업혀 간다

<시/박갑순>
칼의 흔적

싸늘한 수술대에 누운 몸
내 의식을 잠재우고
쓰윽 내 몸을 파고든 단호하지만 따스한 칼날
쉰 살에 암 덩이가 공격한 내 장기 일부는
그렇게 분리되었다

목숨을 살린
그 흔적이 배꼽 위에 가느다란 꽃으로 굳었다
자르기 전에
수없이 망설인 흔적이다
칼의 결단이 아니었다면
멈추었을 호흡
슬픔이 재발할 때마다
단호한 칼의 흔적을 쓰다듬는다

〈시/박갑순〉
시 한 편의 무게

어스름 명동역
중국어 일본어가 걸어가는 사이사이
한국어가 떼로 지나간다

지하철 스크린 도어에 진열된 시가
오가는 사람들을 읽고 있다

바쁜 시간이 우르르 지나가고
노파 하나 눈을 껌뻑이며 서 있다

우연히 마주친 나의 시

한 사람의 시선이라도 붙잡았으니
참 다행이다

〈시/박갑순〉
결빙과 해빙 사이

2월 끝 해빙 무렵
나의 꿈은 결빙되었다

수국빛 칼라가 달린 교복에
검정 가방을 든 단발머리
금빛 中 자의 배지
왼쪽 가슴 흘림체의 이름표가 부러웠다
봄 향기로 지나가는 그 모습을 흙담 뒤에서 지켜보며
내 어깨는 초라하게 얼어붙었다

무리에 낄 수 없는 한겨울인 집안 형편
겨울이 녹아 흐르는 이웃집 집시랑물은
우리 집 마당을 가로질렀다

어느 날 어머니는
서울댁 친정 조카 손에 내 손을 넘기고
싸늘히 등을 보였다

그곳은 가내수공업 목걸이 공장
언니 오빠들 틈에서 눈물로 간식을 먹으며 해를 달래고
밤엔 까치발로 마당에 나와 별을 세었다
달빛에 눈물 말리며 나는 해빙을 기다렸다

40년이 흘렀어도
결빙과 해빙 사이에 갇힌 나의 봄은 시리다

〈시〉
봄 밤 외 4편
박경숙과천

지리산 화엄사 홍매화
나를 밟고
한참을 지나가야
닿을 수 있는 봄을
풍경소리만 소슬히 안고
돌아온 그 날

누구든 다 보았다 한들
한 잔의 꽃술 향기까지
풀어놓고 올상 싶은가

눈앞에 서성이는 것만
봄이라 하지 말고
동박새 울음소리도
그리 좀 불러다오

나를 비워 낸 봄날의
첫 문장이 설핏 수상하다

〈시/박경숙과천〉
회화나무 그늘에서

오래된 주공 아파트와
새로 지은 고층 아파트 사이에
푸른 이끼옷을 걸쳐입은 회화나무들

해빙기 얼음장 깨어지듯
등이 쩍쩍 갈라진 나무들
푸석한 삶을 지탱하느라
상처받은 가슴에
링겔 병이 주렁주렁 걸려있다

푸른 이끼들, 숙주에게 세 들어 사는 처지에
주인의 눈물을 닦아준다고.
곁에 달라붙어 한 생을 더불어 살아간다

그 지역 마을에서 오래 살아온
노년의 사진사 아저씨
이사가던 날 새벽에 유기견을 품어 안고
회화나무 그늘에 풍경 하나 걸어놓고 떠났지

나도 그 사진을 보면서
눈가에 슬픔이 그림자처럼 지나갔다

<시/박경숙과천>
겨울나무

내 안의 말들을
물끄러미 바라보았다

어제는 너무 젊었고
오늘은 이미 진부해버린
마음을 씻으러 새벽 거리에 나서면
잎을 다 떨군 나무들
우중충한 하늘을 적시고
우듬지에 새집 하나 품어 키우던
나무 아래를 지나칠 때

문득
잘 지내느냐고 차마 안부도 못 물어보던
수줍던 시절의 나이테들이 만져지기도 하였다

푸르던 시절 꽃을 피우고
바람도 새들도 불러 모으던 그늘도 사라진 후
쓸쓸히 혼자 매만져지는 생채기

겨울나무가 되어
내 안의 말들을 생각한다

<시/박경숙과천>
깊어지는 시간

무릎 접고 엎드린 강아지
누리의 꼬리가 접혀 있다

내 손길에도
눈길은 어슬렁어슬렁

더 높은 집에 살게 하겠다며
훌쩍 벗어 놓고
공부하러 떠난 딸의 티셔츠 향긋한 체취에
얼굴 파묻고 뒹굴어도
적막만 방치되고 있는 것은 아닌지

강의실 옆자리 밥그릇 하나 마련하는 게
그게 그리 어려운 일인가

온종일 살랑살랑 꼬리뼈 추켜세워 지내다가도
무심히 잊고 사는 것은 아닌지

그랬구나! 그대도
열리지 않는 문 쪽을 바라보며
깊어지는 시간을 안타까워했겠구나

〈시/박경숙과천〉
담쟁이

앞으로 가는 것만이 능사인 줄 알았었다

누군가에게는 길을 가로막는 담조차도
나에게 발판이었으니 살아야 한다고 이 악무는
푸른 시간이 이렇게 든든한 힘이 되다니
내가 비빌 언덕은 어디에도 없으며

한 뼘 손을 내밀면 잡힐 듯 다가온 허공에게

내가 가는 길은 가치 있다고 믿던 그 오기의
시간들 때론 스스로 절벽으로 몰리던
그 시간으로 돌아가면

산다는 건, 높은 곳만 바라보며 살 일은 아니지
가늠하기 힘든 세상사 쉬어 가자며

허름한 담장에
거꾸로 매달려

날센 바람줄 붙잡고
한바탕 휘청휘청 곡예를 펼치기도 하지

박경숙과천-약력
2024년 제132회 <自由文學> 신인상 시부 2회 추천 완료. 초등학교 교사 역임, 과천문협 회원.

<시>
섬 집 외 4편
박정희해남

물끝에
아득히 섬 하나 보인다

노 저으면
안개 걷히고
물아래 집 한 채
새소리 바람소리 들락거린다

귀어두운 노부부*를 위해
낡은 라디오는 목소릴 높이고
더 늙은 호롱불이
물건너온 편지를 가물가물 읽어준다

사나흘 별을 헤다,
물아래
달뜨는 걸 처음 보았다

노부부는
달을 베고눕는다

*전라도 임실군 옥정호 노부부. 통통배와 경운기가 세상과의 유일한 연결 통로.

<시/박정희해남>
저녁식탁

봄산은 숨소리만 듣고있다
초록 성큼 다가온 쑥
된장국 끓여 비릿한 고등어 한 손
두부김치앞에 올려놓고
세 식구 모여 주저리주저리
쑥국쑥국 떠드는
며느리고개와 쑥고개
훅, 비린내 난 고등어
하루 일과 보고받는 저녁식탁
웃음꽃 핀
축복으로 닫는 내리다지 하루
사랑이어라

<시/박정희해남>
꽃은 어떻게 피는가

고요한 거울,
마침내 동백나무에 불꽃이 튄다

남해의 푸른 바다가 빨갛게 물들어
떨며 열리는
작은 면경 세계

이른 잠에서 깨어난 아침 해
일제히 터트리는 함성
물결 따라 꿈틀대고

황홀한 절정으로
내 거울을 밝히는
동백·동백꽃

<시/박정희해남>
땅끝마을

굽이굽이 황톳길 송호리 땅끝에 왔다
잠시 그늘에 눕자 바람은 나뭇가지에 떨어지고
간간이 土末 노래 시원하게 불어온다
사자봉 전망대에 오르자 물마루에 누워있는 섬·섬·섬
완도·흑일도·보길도·노화도…
갈매기죽지에 잠시 가린 다도해
섬들은 목만 내밀고 바다에 잠겨있다
푸른바다 한 쪽 귀에 흰수건 두른 불혹의 바다새
하얀죽지로 그물깃 건져올리고 있다
등뒤론 노을물결 업고 울컥,
수묵화속에 나를 넣어 그린다

<시/박정희해남>
섬속의 섬
- 소무의도

'섬속의 섬이 내 섬이다.'

섬이 쓴 편지를
괭이갈매기가 물고
소무의도로 도주한다
목격자들은 입을 다문다

아릿한 풍경이 헤엄치는 소무의도
파도 한 말 물가로 던져놓고,
나는 그저 '말없음'이라는
섬 한 권 엮었다

박정희해남-약력
1999년 <自由文學> 시부 등림. 시집 <그리운, 소낙비>, <섬속의 섬 한 권 엮었다>. 제10회 자유문학상, 제18회 한국문인협회 작가상 수상. 한국현대시인협회 이사, 국제PEN한국본부 이사, 한국문인협회 국제교류위원, 강북문협 회장, 자유문학회 부회장.

<시>
엄니(阿孃) 외 4편
裵龍水

엄니
탯자리 聖德 황톳길
여시 재 넘어
황새다리 줄 바위마을
내 탯줄 따던 자리라지요.

산딸기 하늘노래
신작로 십리길
연 방죽 돌아 고추방울 달랑이며
별 나비 좇던
봄여름 가을겨울
뒷산 언덕배기 철부지 때였던가요.

엄니
族譜 얘기
이마 주름지듯
새벽 닭 홰치는 소리, 도랑물 소리
눈 비벼 창호 문 여니
長山里 산그림자
추녀아래 숨어드네요.

이제
寒天 달무리
기러기 나래쪽지에
흰서리 내려

내 이름, 석자 쓰고 나서 불러보니
祖上임 눈앞 살아오시고
王仁博士, 道詵國師
九井峰, 道岬寺, 虎山들
굽어, 굽어 살펴주시네요.

엄니
땀 저린 흙 머리
여든 星霜
문득
눈 들어 하늘 쳐다 열고 보니
어매!
月出山 天王峰 대보름달 떴네요.

<시/배용수>
謙下花

꽃 피워
잎 뒤 숨긴
하얀 謙下花
○열매 붉은 熱情 있었다.

꽃술
수줍어 고개 숙인
面紗布 쓴 謙下花
新郞 마중 靑紗燭籠 매달았다.

謙下木 잎사귀
四季節 푸르러
淸楚하건만
어찌하여 꽃술 감추는가?

天使들 별 밭
하늘 꽃 되어
望鄕 땅 아래 엿보는
謙下花 傳說 만들고 싶어서.

<시/배용수>
由 頤

↳山雷 ☶☷ 頤卦 上九爻辭 : 天下由之以養也.*

觀頤
自求口實
두 입술
하얀 젖줄
慈悲微笑 피어난다.

鳥頤
自求有實
上下 부리
먹이벌레
새끼양식 꿈틀댄다.

由頤
天下由之以養也
脣唇
맷돌粮食
生命補養 살아난다.

    *天下由之以養也 : 천하가 자기로 말미암아 길러지는 것이다.

<시/배용수>
交河 아리랑

氏○ 품고
千萬 年흐른 臨津江
鰲頭山 윗물
洛河津
너를 만날 설렘에 달려간다.

倍○
臙脂ㅣ脂 丹粧 ○리수
烏頭山 아랫물
栗里津
○리랑 부르며 기다린다.

아리랑 ○리랑
祖江 아리랑.

○리랑 아리랑
交河 ○리랑.

<시/배용수>
지팡이(杖)

大丈夫
偉大한 占星家 聖像.

지팡이
先知 가림木.

家杖
知天命 孝道子息 쥐어준
버팀목 지팡이.

鄕杖
洞內 분들 쥐어준 耳順回甲膳物
마실 길잡이 지팡이.

國杖
古稀 나라長壽膳物
어르신 되라는 從心 지팡이.

几杖
辭職 挽留席
國家奉仕 獻身 지팡이.

朝杖
序秩 靑藜杖
北斗七星 復本 지팡이.

\<시\>
시인의 봄날 그림자 외 4편
신주원

그대
누더기 옷 기워입어도
빛나고,

갈빛감잎옷 입고있어도
빛난다

늪에서
연꽃이 올라와 피는
떨림이다.

<시/신주원>
동네 우물

내 고향 양양 낙산
사시 사철 별 내리는 양양 바닷가 동네
모랫 벌 소꿉장난하던 하얀 모래밭
처녀가 되도록 날 키웠다
여름철엔 물맑고 시원했다

동네하늘우물물
그 우물물이 보이질 않는다
이웃 아낙들 수다 두레박엮던 놀이터
아배는 일찌감치 날개 달고는 날아가셨다

고향 우물집 팔린 봄날 아침 그날
안태 생갓집 우물터를 메꿔버린 걸 첨 알았다
오늘도 아배 어매 깊은 눈길낯을 엿보고 싶어진다

옛우물 먼바다 파도등성일 타곤 떠났는가
팔린 생가 우물집을 뒤돌아나오자
눈시리게도 동네우물 다시 한번 들여다보고 싶어진다.

<시/신주원>
孝의 언덕에서

꿈속 저편
얼음산에 꽃이 피면

손바람 피워
목마른 늪속 울음 멈춘다

머리카락으로 하늘 베어내
발바닥으로 땅 다진 후엔

이삶 다하는 날까지
孝란 황금을 채굴해야만 한다.

<시/신주원>
눈을 보면 알아

눈을 가만히 들여다보면 압니다
온살이 아픔이란 것을

아직도 눈물이 마르지않은 걸 보면 압니다
온살이 만남이 다 끝나지 않았다는 것을

온삶살이에 남은 생애 마술의 불씨
스스로 수문 대장이란 딸은 꽃心房이 아파옵니다
저먼꿈나라 꿈나라로 보내드리고만 싶습니다

오늘 이맘때 신음소린
꿈속이라면 좋겠습니다
새까만밤 내 안섶에서 울다웃다 그만
온밤 지샌 후 새샐녘 밭은기침소리에
이제야 발바닥이 점점 뜨거워져옴을 느낍니다.

<시/신주원>
바다궁전짓기

태초 부름 있어
삶줄같은 너 난
바다 물평선 팽팽 당겨주고있다

한울타리 그물갇힌 북두 7성
아홉 마리 별들 비린내음 풍기고있다

물질 해댈수록 내 안
꼬리지느러미 흔들어대는 고래떼들
달빛파도이랑도 일어나서 날고있다

그는 제자리 다시 돌아와
아무도 낚을 수 없는 고래들 집
물속 신전 태초궁전 새로 짓고있다.

신주원-약력

강원도 양양 출생. 2001년 <문예사조> 등림. 제1시집 <세상속의 우리>, 제2시집 <'낙산사 해뜰무렵>, 제3시집 <눈을 보면 알아>. 제13회 自由文學賞 수상. '自由文學' 및 도서 출판 天山 편집장, 자유문학회 자문위원, 한국문협 한국문학사편찬위원, 한국현대시인협회 이사, 한국여성문학인회 이사.

<시>
천년의 동화 외 2편
- 호호당 김태규 선생의 글을 시로 엮어 보다
신효석

사람이 모진 상황 속에서
슬기롭게 대처함이 마땅하지만
속은 어디까지나
유정(有情)하고 유정(柔情)하여야지

강퍅하고 뻣뻣해지면
그것은
살아도 죽은 거와
무엇이 다를 것인가

그대여
아기처럼
천진(天眞)하고
난만(爛漫)하시게나

하지만 토끼가 굴을
세 개 지니고 여우가 바람
속에서 냄새를 맡듯
그대도 슬기롭고 영리하시게나

세월 속에서 꺾이지 아니하고
마침내 양지바른 남산언덕에 우뚝 서서
무성한 가지를 洛洛하게 드리운
長松 되시게나   <

그리하여 여름날
당신의 그늘에
아이가 찾아들면
함께 천년의 童話를 나누시게나

<시/신효석>
나뭇잎 옆 지팡이

매미가 한때 서럽게 울었다.
지팡이를 끌며 당신이 또
다녀가고, 마르고 찬 바람은
서쪽에서 온다. 오늘 노을이
더 붉어지리니 가장 불타는
색으로 밤을 밝힌다면 내일은
내일의 나뭇잎 한 잎.
이 가지와 나무와 뿌리와
흙과 바람과 물, 그리고
쓰다듬어 주던 당신과
당신의 손과 세월의 지팡이 옆,
고요히 잠시 가볍게 앉아본다.

<시/신효석>
무릇 매화

無
는
텅 빔
우주를
이끌다 물에
잠기어 잠시 얼었다.

첫
눈
터진
매화를
보다 울었다.
물이 희다 불이 차다.

無
의
發心
등촉 불
홀로 가지 끝
살포시 무릇 매화여

신효석-약력
• 1992년 自由文學 시부 등림.

<시>
목련꽃 지는 날 외 4편
임봉주

비바람에 목련꽃 지겠다
가슴 가득 부풀던 내 그리움 지겠다
가지마다 봉긋봉긋 꽃등 켜 올려
메마른 세상 밝히는 꽃봉오리
우러러 행운을 축원하더니
저 모진 비바람에 목련꽃 지겠다

가지마다 송이송이 정결한 꽃등불 켜
자비로운 미소로 세속 어둠 밝히고
혼탁한 세상살이 아픔을
살포시 합장한 손길로 씻겨 주고
애달픈 사람들 가슴마다
연등 달아 밝히리

네 갸륵하고 절절한 그 염원
미처 펼치기도 전에
꽃샘 비바람에 목련꽃 지겠다
하늘 우러러 띄운 내 가냘픈 소망 하나도
꽃잎 따라 애처로이 지고 말겠다

<시/임봉주>
아픔으로 피는 꽃

진주조개는 여린 살 속에 박힌 옹이
아픔 참으며
수많은 날 기다림 끝에
눈부신 보석을 탄생시킵니다

연꽃은 무더운 여름날 진흙탕 속
한 치 앞도 보이지 않는 흐린 물속에서
오묘한 진리의 꽃봉오리 들어 올립니다.

보세요!
알알이 영롱한 빛 머금은 석류는
폭풍우 치는 날들 견디어내고
이제 억제치 못할 기쁨으로 터집니다

초겨울 눈발 휘날리는 속에서 금은화는 피어
끈질긴 생명력에 불을 붙여
꺼지지 않는 불굴의 등불 밝혀 줍니다

언제나 내 가슴 깊은 곳에 피어 있는
시들지 않는 꽃 한 송이 있으니
아픔의 꽃망울로 피어나는 꽃

*금은화 : 인동꽃의 속명.

<시/임봉주>
들꽃에 화엄의 길

꽃마리 속에 길이 있네
달맞이꽃 속에 길이 있네
개망초꽃 속에 길이 있네
가만히 들여다보면
아득히 먼 은하로부터 전해온 길
태초에 엽록소 식물 탄생 때부터
초록 비밀 머금고 면면히 이어온 길
인류 출현 시기 이전부터 내공 쌓아온 길
작은 들꽃 속을 들여다보면
꽃 속에 태양이 반원 그리며 지나가네
꽃 속에 하얀 낮달이 눈짓하네
밤이면 들꽃 속에 은하수 별 반짝이네
들판 돌멩이 하나에도 수억 년 세월 겪어온
이 지구 행성의 역사가 깃들어 있네
들판의 흙 속에 수억 년 켜켜이 쌓인 흙의
속 깊은 내력이 들어 있네
그 돌 틈과 땅의 비밀스러운 내면에다
들꽃이 뿌리 내리고
대자연의 맥박 이어받아 꽃 피우네
들꽃의 유전하는 기억 속에는
천지를 집어삼킬 듯 폭발하는 화산과
천지를 쓸어버릴 듯한 폭풍우와
세상을 꽁꽁 얼려버릴 듯 혹한의 계절도 있네
들꽃은 언제나 침묵하는 성자(聖者)처럼 말이 없네
아픔과 슬픔과 번뇌를 안으로 다스리고 삭여서

환하게 미소 짓네
이리 휘청 저리 휘청 마구 흔들리면서도
바람을 탓하지 않네
단 한 번의 꽃을 피우기 위해
일 년 삼백육십오 일 한마음으로 기도하네
들꽃은 세상이 쓰다 달다 평하지 않네
부처가 들어 올린 꽃을 보고 가섭(迦葉)이
미소로 화답하듯
들꽃은 보는 사람에게 말 없는 말 전하네
들꽃 속에 아득히 난 길이 있네
화엄의 집으로 가는 길

〈시/임봉주〉
슬픔에게

사람들은 왜 자꾸 품속에서

슬픔이란 진주를 꺼내어

아프게 만지작거리나요.

슬픔은 그냥 묻어 두세요

세월이 가면

슬픔이란 진주는 흙 속에 풍화되어

기름진 흙이 되어

슬픔 묻힌 그 자리에

꽃이 피고

새가 울지요

<시/임봉주>
끝없는 길

희망은 항상 높은 산머리에 있고
우리는 오늘도 가파른 산기슭 오른다
힘겹게 산꼭대기 오르고 나면
꿈꾸던 희망의 나라는 한걸음 뒤로 물러나서
손짓하네
갈 수 없는 나라에는 황금의 꽃들이 피지
갈 수 없는 나라에는 일곱 빛깔 무지개가 뜨지
갈 수 없는 나라에는 수정 같은 오아시스가 있지
손끝에 잡힐 듯, 잡힐 듯
다가서면 또 뒤로 물러나 손짓하는
아무리 갈구해도 끝내 다다르기 힘든 곳
삶이 가시밭길일지라도
삶이 낭떠러지 같은 고독에 부딪힐지라도
두 손 꼭 움켜쥐고
나락(奈落)으로 떨어지지 않음은
사람마다 갈망하는 나라 하나씩 그리며
쉬엄쉬엄 오르고 있음이네
갈 수 없는 나라엔 황금방울새의 노래가 있지
갈 수 없는 나라에는 은하수 강 언덕이 기다리지

<u>임봉주-약력</u>
1951년 해남 출생. 2005년 <자유문학> 시부 2회 추천 완료. 작품집 <푸른 행성의 편지> 외 6권.

<시>
미술관 사는 엄마 외 2편
임솔내

미술관 '리움'에 가면
수를 다한 암거미가 산다
거뭇거뭇 칠이 다 벗겨진 강철 자궁 안에 알을 품었다
기골이 장대했던 몸체를 늙고 낡은 가는 다리들로
닻을 내린 푸릇푸릇한 슬픔
고대광실
거품 버글대며 비단 뽑던 암갈색의 청청한 몸
밀물썰물 들락이며 날 것으로 펄떡이던
그 무작정의 내부는 이제 텅 비어서
금새라도 무너져 내릴 만큼 허하다
온기 식은 강철 우리 안에 알을
기여코 부화시키고서야 눈 감을 저 엄마

언제 숨 거둘지 모를 내 엄마, 그의 꽃이던 나는
쿨 하게 바칠 그 아무것도 없는데
이제 다시 살아보라고 내 자궁에 거둘 수는 없을까

〈시/임솔내〉
내 안에

내 안에 사람을 들인다는 거
내 안에 그대라는 강물이 흐른다는 거
날마다 흐벅진 산山이 내 안에
자라고 있다는 거
'잘 살자' '잘 살자' 자꾸만
말 걸어 온다는 거
홍건하고
아늑하고
아득하다는 거

산다는 건 견디기도 해야하는 거
그대의 찬 손 내 안에 쥐면
떨어뜨릴 수도 없는 눈물이
고인다는 거
꺼내 보이기도 벅찬 내 마음
정갈한 삶 위에
곱다시 얹어 본다는 거

저 아련한 거처
내가 할 수 있는 위로가 없어
잊을 수도 놓을 수도 없어
나도 그럴꺼라는 거

허나,
그대라는 편질 읽으면
왜 이리 울어 지는가

<시/임솔내>
사랑 참,

여기쯤일까
익선동 카페를 돌아나온
진이는 하늘을 본다
마법에 다시 묶일 시간이 바짝 쫓아오고
임제 누운 곳 어딘지 몰라
잔 잡아 처처에 흘린 술 망망해라
여기쯤일까
'청초 우거진 골에 자는다 누었는다'
임지로 가는 길 임 향한 술잔 들어
날 호명하던 골목
몸서리지게 외로움 타는 날
언뜻 날 부르는 소리 사랑의 호명 받아
지구별에 귀환한 절세가인
임제 누운 곳 어딘지 몰라
아득한 눈물 하늘에 가득
남아야 하나 가야만 하나
몇 생애나 닦아야 하나
사랑 참,

임솔내-약력
국제펜한국본부 이사, 한국시낭송총연합회 회장 역임, 한국여성문학인회 이사. 저서 QR코드 낭송시집 <홍녀> 외 다수. 영랑시문학상, 한국문학비평가협회상, 한국서정시문학상, 시인들이 뽑는 시인상, 불교문예 작가상 외 수상.

\<시\>
빛이 걸어오고 있다 외 4편
임율려

눈으로 먹는,
고흐의 영혼을 만났다
붓으로 걷는 '러빙 빈센트'
귀를 잘라 창녀에게 주고
목숨 잘라 붓에게 주고

그는,
부러질 듯
살아날 듯
무너질 듯
붓털 숨결속에 싸여 홀로 걷는다
영혼들이 걸어가는 길목마다
버려진 귓바퀴는 더 잘 듣고 있다

<시/임율려>
노년가장

눈만 빼끔히
내놓은 늙은 사내
양손에 쇼핑백이 주렁주렁 달렸다
자기 덩치보다 더 큰 많은 물건들이
노인을 끌고 지하철을 탄다
다양한 무게를 택배 하는 노인
온갖 물건들에 끌려
시간이 속도를 재고 있다
낡은 수첩에 적힌 이름은 그의 하루 일당
돋보기 너머로 빼뚤빼뚤한 글씨가 읽힌다
물건에 저당 잡힌 손이
하루를 저물게 한다

노인의 발자국 보다 물건의 발자국이 수북한 하루,

<시/임율려>
울타리

앞산 초입
울타리에 참새가 열렸어요

소리에
스스로 놀라는 새들

바람 불어
흔들리는 나무에는 놀라지 않아요

열려 있으면서
촘촘한 나뭇가지로 닫혀 있는 새장

바람자물통이 달려있는
저 집의 왁자한 허공의 방들

포르륵,
포르륵 새소리 돋아나요

공중의
거처가 소란스럽더니

파릇해진 봄날이 푸드득 날아가요

<시/임율려>
잠그다

비가,
온종일 내린다

사람의
발목을 잠그고

풀들의
무릎을 잠그고

새들의
부리를 잠그고

벌레의
울음소리를 잠근다

햇살을 잠그고
달빛을 잠그고
별빛을 잠근다

잎들의 숨소리를 잠그고

외출을 잠근다

〈시/임율려〉
고란사
- 님

백마강
안개로 오시더니

부소산
단풍으로 글썽이다가

고란사
붉은 종소리로 웁니다

백마강 푸른 달,
님의 노래로 흐릅니다

임율려-약력
본명 임정순. 2016년 〈自由文學〉 등림. 한국문인협회 회원, 한국현대시인협회 회원, 자유문학회 사무차장, 강북문협 사무국장.

〈시〉
너는 혼자가 아니야 외 2편
장수희

세상이라는 우주 안에서 태어난
내 이름은
율리시스

우주의 거친 소용돌이 속에서도
나의 정글로 날아가고 싶은
하늘빛 날개를 가진
내 이름은
율리시스

지친 날개 둘 곳 없어
어디로 가야 하나 방황할 때
바다 한가운데서
나를 닮은
너를 만났다.

너는 내게 쉼이 되어 주었고
지친 날개를 보듬어 주며
그 가녀린 잎으로 나를 감싸 안고
풍랑을 덮어 주었다.

혼자라고 믿었던 우주는
파도 소리도 자장가처럼 달콤하고
비말조차 내 날개에 스며들어
지친 세포들을 치유해 준다.   <

물결에 흔들리는 너의 잎은
나와 추는 왈츠처럼
쉼의 세계로 인도한다.

우주 안에 나는 혼자가 아니라고
속삭이며,
너의 향기를 내 날개에 담아
다시 나의 정글로

비상한다.

<시/장수희>
추운 겨울

내가 찾은들 거기에
그 누가 있을까

누가 찾은들 거기에
내가 있을까

정처 없이 떠돌아다니는
차가운 나뭇 껍질처럼
내 발이 멈추는 곳이 없다

거기에 가면 있을 것 같은데
차가운 도시만이 앙상하다

거기에 가면 만날 수 있을 것 같은데
바람만 내 시린 귀를 어루만진다
뼛속까지 얼어버린 겨울 속 내 몸뚱어리

아무도 없는 도시 속에
우두커니 서서
동서남북 어디로 발을 내 디딜까
나는 멈춰 선다

이제 그만
이제 그만..

여기서 쉬고
내가 찾는 내가
이쯤에서 만족하기를

발을 멈추기를

〈시/장수희〉
알몸

내 마음속 공허함의 바다에
몸을 던진다

깊이깊이 바다의 무게감에
가슴은 조여오고
빛이 보이는 저 해면 위로 올라가기 위해
나는 무거운 모든 것을
저 밑으로 하나둘씩 벗어 버린다

가볍게 올라가라
그 공허함의 바닷속에서
오로지 나의 빛을 향해

온전히 벌거벗은 몸으로
하얀 속살을 드러내고
진정한 가벼운 나로

태양 가득한 저 해면 위로

누가 기다릴 것이라
생각하지 말자

공허함은 진정 나를 찾기 위한
나와의 공존

내 마음의 바닷속 공허함에
몸을 던진다

장수희-약력
2024년 <自由文學> 시부 등림. 미술작가협회 회원.

〈시〉
소년은 외 4편
최 림

긴 겨울밤 문풍지 틈새
황소바람 타는
바늘울음소리
베갯머리 마데 놓인 물 대접
꽁꽁 묶인 몸뚱이 흔들린다
헛간엔 가을이 놓고 간 왕겨들
아궁이 속으로 들어가고
풍로 돌아가는 소리에
새벽별 눈뜬다

양은도시락엔
불어난 둥근 보리알갱이들
보자기 책보속에
둘둘 말아 쑥 집어넣고
어깨에 걸쳐 맨다
허리춤까지 책보 내려올 듯
소학교 길 달음질 한다
빵도 귀했던
단팥빵 구경도 못하던
중학교 때나 먹었던가

어머니 마음 알 듯 모를 듯 한 날
먼 길 떠나시고
눈시울 적시우던 자식 위한 날들
가족 간 마주 보는 눈길 사라지는

가르침들 숨바꼭질 하고
보고픔의 날들 다가오면
모시적삼 펄럭이는
가슴팍으로 뛰어들어가는 한 소년

<시/최 림>
불탄다 야

탄다 탄다야
붉게 붉게 서녘이 타들어간다
하루를 꿀꺽 삼키고 있는 거다
혀끝에 있는 시간들

어스름 바람소리
숯덩이들 쌓고 불쏘시개
아궁이 끝에서 끄집어내는가
뒤로 밀어넣는가
활활 태우던 불꽃탄 불꽃이 사그러든다

하늘과 땅을 맴돌던 연기구름
허공하늘 태양고리 걸고
붙잡아 매어보려 하나
뿌리치는 몸부림이다

떴다 지는 날들의 숫자들은
머리털속 사잇길 거닐며
퇴색된 그림을 그리고
가죽옷 주름고랑 만든다

솜털구멍 속 깊은 수렁 내기도
빛바랜 살빛엔 찌그러진 검버섯꽃
향기도 없는 것들이 스케치를 시작한다
온몸 안과 밖을 크다란 화복인냥
붓놀림 언제까지일까

<시/최 림>
국수 한 젓가락

길 가는 이
오고 가는 이들
그 발걸음 사이로
뜨거운 국수 한 젓가락
하늘에 걸려있다

붉은 입술 여닫는 소리
피고 지는 날의 한 날
일상은 좌우가 없는 듯

한둘 남은 두부 몇 모 손짓하고
해놀지는 저녁 수채화는
밥상 위 국수젓가락
피리소리뿐이다

〈시/최 림〉
숨

손 댈 수 없던 오랜 언 땅
흙 밭은 바람소리 소리뿐
다가서면 마음 여린
발자욱 그림자마저
삼킬 듯한 서릿발 드러낸다

저 멀리서 남풍이 불어와
황토밭 엎드려 귀기울이면
만삭 다 되어 해산하는 여인의 산고
아지랑이숨결 폴폴폴 내뿜고

보드라운 흙자락
옷깃 여민 사이사이
봉긋 튀어오른 연둣빛 손가락

실눈 뜬 버들강아지
소옥소옥 구름문 열고 나올 때
피리소리 가늘게 꿈틀거린다

<시/최 림>
안 해 본 일

그래서
처음이자 마지막으로
빨간 구두를 신고 싶다

손이라도 펼치면
금방이라도
잡힐 듯

머리가 하얗다
초침의 멈춤 소리
생각 문 닫히는 그날들은

최 림-약력
본명 최명희. 충남 예산 출생. 2013년 <自由文學> 시부 등림. 2018년 첫시집 <물 흐르듯 흘러 가면서> 2020년 서대문문인협회 문협상 수상. 서대문문협 총무이사, 미당시맥회 회원.

〈시〉
허상을 바라다 외 4편
하온서

나는 어두운 길을 헤매고 있어
자꾸만 발빠지는 사막을 홀로 더듬어가고 있어
숨결마저 뜨거운 목구멍,
모세혈관마다 퍼지는 피로
쓰러져 누워 다시는 일어나지 못할 것 같아

나는 다시 일어서야 하나?
무엇 때문에, 무엇 때문에
내겐 나침반도 낙타도 없는데,
무얼 바라 험하고 고단한 길을 가야하나
세헤라자드*의 바그다드*라도 있어 가는 것일까?
나는 피로와 의혹을 딛고 새로 일어서야 하나

오아시스여, 오라
오아시스여, 나타나라
애타는 외침 뒤에 보이는 것은 신기루
종내엔 허상에 다름 아닌가,
내가 찾던 오아시스는

뜨거운 모래바람아
멈춰라, 가거라
뜨거운 사막 가운데서 문득 삭발하고 싶어

*세헤라자드: 아내에게 배반을 당했기 때문에 모든 여성을 원수로 보는 페르시아 대왕에게 천일 야에 걸쳐 계속해 역사 이야기·우화·교훈담·설화 등을 이야기 해주었다는 여성. 이 이야기들은 나중에 아라비아 나이트로 정리됨.
*바그다드: 이라크의 수도로 아라비안나이트의 무대가 된 도시.

<시/하온서>
계단 위에서

계단을 밟고서, 은행과 시청과 교회로 올라가고
계단을 밟고서, 마트와 사우나와 나이트클럽으로 내려간다.

옛날 옛날엔 계단이 없었다.
그저 나선형 구조물 경사를 따라 오르거나
나선형 구조물 경사를 따라 내려갔다.
달팽이나 소라처럼, 사람들도

그렇게 평화롭던 어느 날,
'상승 욕구'라는 인종이 나타나서 계단을 만들었다.
계단을 높이 오를수록 땅은 멀어지고
아래로 내려다보게 된다.
그래, 높이 올라갈수록 거짓말이 쉬워지는 것일까

단식 투쟁이 사흘째 이어지는 빌딩 옥상
땅으로 노조원 한 명이 뛰어내린다.
견디기 힘든 현실과 괴리를
그렇게라도 뛰어넘고 싶었을까

마트와 사우나와 나이트클럽은 계단으로 내려가고
은행과 시청과 교회는 계단으로 올라간다.

<시/하온서>
눈 오는 날 졸음 속에서

1.
눈이 내려와 앉는다,
산과 길과 지붕과
우리의 어깨를 가리는 우산 위에도
오직 하나,
미처 거두어들이지 못한 깃발에만
눈이 쌓이지 않는다.
쉼없는 펄럭임이 용서하지 않는다.

눈이 쏟아지듯
종일토록 졸음이 퍼붓는다

2.
어느새 산이란 산이 다 사라지고
들길도 보이지 않는다.
집집마다, 빌딩마다 창문 모두 열어젖히면
안으로 안으로 눈이 쏟아져 들어와
안과 밖 구분 없는 나라
광활한 눈밭이다

시야 가르던 산새마저 사라지고
내가 풀어놓은 병풍속 말은
거침없이 막힘없이 달린다,
달려간다, 눈 내리는 벌판으로

〈시/하온서〉
된장찌개와 제비꽃

된장찌개·비빔밥·김치찌개·냉면·짜장면
비슷비슷하게 점심 한 끼를 메우고
흐물흐물 녹아있는 아스팔트
건너서 사무실로 올라간다.

각자 취향대로 커피 한 잔씩 들고 둘러앉는다.
쏟아지는 옷자랑·구두자랑·아기재롱에 시집살이 얘기
정작 중요한 것은 잊어버렸다,
우리 모두를 대표하여 사장실로 들어간 동료가 있는데
아직까지 도통 소식이 없다.

책상에 엎드려 빌딩 사이 궁색한 하늘을 본다.
옆으로 지나가며 인사 건네는 눈길들
'어디 아파요?'
'무슨 걱정 있어요?'
자꾸 늘어나는 무언의 질문을 못 견디고 나도 끼어든다.
하다하다 TV 드라마까지 얘기하다 보면
아쉬운 점심시간은 끝나버린다.

모두 잊고 살았네.
발 옆으로 스치는 제비꽃
포플라 나뭇잎 사이로 부는 바람
생명처럼 파닥거리던 꿈도
모두 잊고 살아간다네

〈시/하온서〉
그해 여름의 야누스

왼쪽으로는 웃으면서 오른쪽으론 우는 탈을 보았다.
별안간 시침은 거꾸로 돌아가서
깊은 강바닥 모래무덤을 떠들어 놓는다.
고요하던 강이 흐려진다

그해 여름 우리는
터질 것 같은 심장을 머리에 이고서
종일토록 뙤약볕 아래 돌아다녔지
저기 끊어져 있는 길처럼
우리 사이도 끝나야 한다,
끝나야 한다는 현실에, 하염없이
우리 턱으로 흐르던 소금 눈물

토산품점 열쇠고리에서 야누스 얼굴을 보았지.
반쪽은 부네*, 반쪽은 각시*
반쪽만 웃으며 속내를 숨기는 야누스
이리저리 살펴보다가
불현듯 망치질 당한 무쇠처럼
내 마음도 심하게 떨려온다

넓은 앞강 너머로 희미하게 들리는 노래
함께 걸으며 흥얼거리던 노래
'향긋한 5월의 꽃향기가 가슴 깊이 그리워지면…….'*
발길은 나루터까지 따라 나가
몇날 며칠을 서성대고   <

며칠 후 꿈속에서
창 너머 빠져나가는 하얀 혼을 보았지

*'하회별신굿놀이'에서 쓰는 양반 또는 선비의 소첩역을 맡은 젊은 여인의 가면으로 예쁘장하게 웃는 표정임.
*'하회별신굿놀이'에서 쓰는 처녀역의 가면으로 눈을 내리깔고 입을 다물고 있는 생경한 처녀의 표정임.
*故 이영훈이 작사·작곡하고 이문세가 노래한 '광화문 연가'의 한 소절.

하온서-약력
본명 하혜숙. 1961년 서울 출생. 한국외국어대학교 교육대학원 졸업. 1992년 제5회 <自由文學> 신인상 시부 당선. 동인지 <천궁시·1> 현재 도서관에서 대학생 대상으로 독서 수업.

〈시조〉
산촌의 봄 외 4편
김여울

돌담 위에 올라앉은 게으른 고양이
봄볕에 겨워서 자울대는 모습 좀 봐
덧없이 한가롭구나 산골마을 봄 풍경

겨우내 산골 마을 외딴집 파수꾼
누렁이 봄볕 겨워 실없이 짖어대고
참 좋다 산골의 새봄 마음가짐 새롭네

〈시조/김여울〉
고향 그리워

저녁놀 붉게 타는 그립다 고향하늘
송아지 아기염소 제멋에 뛰어놀던
언덕길 섶 덤불 위로 산그리메 내렸지

예전엔 몰랐는데 두고 온 그리움을
객지살이 떠도는 몸 부평초 되고 보니
그리워 자꾸 그리워 요게 바로 수구초심

한사코 눈을 감고 고개를 젓건마는
어린 날 소꿉친구 곱분이 고 계집애
지금쯤 어디에선가 날 생각고 있을까

〈시조/김여울〉
눈 내리는 밤

깊은 밤 소리 없이 꽃잎이 날리고
고달픈 하루 일과 곤한 잠 한창인데
귀 밝은 뉘 집 개일까 허공 향해 짖누나

꽃잎은 온 밤을 속절없이 내렸는데
아직도 집집마다 꿈나라 숨결 소리
건넌 말 교회당에서 새벽 여는 종소리

<시조/김여울>
호미 예찬

요 작은 쇠잎삭이 수수 천 년 이 땅을
그어 파고 또 파며 목숨의 씨 뿌렸지
덕분에 너나 우리가 살고 지고 했었지

땅을 파는 이 땅의 연장 중 가장 작은 너
용케도 널랑은 지어미의 손 끝에서
온종일 날이 저문 줄 모른 체로 땅을 팠지

겸손한 것 지가 한 일 내색 않고 묵묵히
민초들께 밥을 주어 왔었건 마는도
오늘도 땅을 파 씨를 묻고 있는 인고의 너

〈시조/김여울〉
5월 봄날

5월의 텃밭에 봄날이 무르익어
고들빼기 샛노란 꽃숲 위로 나비 쌍쌍
넋 놓고 바라보노니 꿈이런가 싶구나

불현 듯 잊고 있던 그 옛날의 봄날 기억
언제였지 그리운 추억의 보리피리
이제는 가고 싶어도 갈 수 없는 내 유년

김여울-약력

1979년 〈아동문학평론〉 동화 당선, 동아일보 신춘문예 동화 당선, 전남일보 신춘문예 소설 당선, 도민일보 신춘문예 수필 당선, 〈아동문예〉 동시 당선, 〈월간문학〉 민조시 당선, 〈자유문학〉 시조 2회 추료. 전북아동문학상, 현대아동문학상, 전북문학상, 한국동화문학상, 박종화문학상, 전북소설문학상 등 수상.

民調詩・童民調詩

〈童民調詩〉
겨울 애벌레　외 4편
김가원지향

땅속의
애벌레들
배가 시려워,
새 옷 달라 끙끙.

나무의
애벌레도
맨발 시려워,
털신 달라 띵띵.

⟨童民調詩/김가원지향⟩
아장 아장 꽃 걸음

땅속의
속말들이
새순으로 쏙,
아이 시원해라.

겨우내
참았던 말
꽃잎으로 쏙,
복주머니 대롱.

새 아기
새 꽃걸음
새 웃음으로,
아장 아장 아장.

〈童民調詩/김가원지향〉
아기 코끼리

엄마는
꼬리 끝에
아기를 잡고,
요리로 조리로.

아기는
예쁜 코로
꼬리를 감고,
앞 설래 뒷 설래.

<童民調詩/김가원지향>
맷돌 호박

잘 익은
맷돌 호박
이듬해 자식,
많이도 품었네.

줄줄이
영차 영차
포개고 안아,
모두 다 쌍둥이.

〈童民調詩/김가원지향〉
청둥오리

통통한
아기 오리
미끄럼 물살,
까닥 까닥 꽥꽥.

날씬한
아기 오리
물비늘 그네,
간들간들 꽥꽥.

〈童民調詩〉
개나리 외 4편
김은형

어린 봄
노오란 빛
하늘 오르면
흩

어

지

는

숨결.

<童民調詩/김은형>
봄비

겨울의
굳은 살갗
사알살 만져
새싹을 올리네.

〈童民調詩/김은형〉
복숭아

붉은 볕
시련에도
달고 맛있어

속에
스민
인내.

〈童民調詩/김은형〉
채송화

돌멩이
울타리에
잔잔히 앉은
다정스런 눈짓.

웃음 진
꽃잎 아래
그늘 드릴 때,
비껴가는 땡볕.

〈童民調詩/김은형〉
자전거

두 바퀴
갖고 싶은,
시원한 바람
굴러가는 일상.

김은형-약력
2024년 제134회 〈自由文學〉 민조시 부문 2회 추천 완료.

〈民調詩〉
할미꽃 외 4편
김하해

손주를
기다리다
꽃이 되었나
무덤가 할미꽃.

꼬부랑
지팡이로
오신다더니
허리 굽은 할미.

모두들
하늘 향해
머리를 들 때
고개 숙인 겸손.

〈民調詩/김하해〉
홍매화

화엄사
앞마당에
불이 붙었네
봄날 불꽃놀이.

노승이
두드려댄
목탁소리에
물든 저녁노을.

<民調詩/김하해>
蓮

뿌리로
백년가약
잊지 말자고
씨앗 담아 연밥.

또르르
뻘밭에서
피어난대도
옥구슬 물방울.

진흙탕
뿌리 내려
바람결 향기
취하는 취향정.

<民調詩/김하해>
목련

아련한
꿈속에서
고즈넉하게
다가오는 소리,

부푸는
젖무덤에
손닿을까 봐
가슴 두근두근.

순백의
꽃 봉우리
어둠 밝히는
지상의 꽃 등대.

〈民調詩/김하해〉
상사화

영원히
견우 직녀
만날 수 없는
그리움 꽃 잔치.

잎 지자
꽃잎 트고
꽃잎이 지자
잎 내민 엇박자.

김하해-약력
본명 김영진. 1997년 시집 〈주님 찾기〉로 작품 활동 시작, 2011년 〈목포문학〉 신인상 수상. 2024년 〈自由文學〉 민조시 2회 추천 완료. 시집 〈여섯시 반〉 외 5권, 민조시집 〈조선의 숨결〉, 산문집 〈아름다운 엔딩〉. 한국문인협회, 자유문학회, 한국민조시인협회 회원.

〈民調詩〉
개딸개딸 동학군 외 4편
金鉉洙

전라도 울아버지

끌며,
트랙터

서울 오신대요.

光化門 거기 빛밭

그때,
녹두꽃

피워야 쓴대요.

못다핀 우금치꽃

피려,
봉준님

남태령 넘재요.

〈民調詩/김현수〉
무안 공항에서

산 자를
죽은 자가 돕는다 했지,

저,
가창오리떼.

소천, 흰
붓날개가 당부를 쓰네,

힘쓸 務
편할 安.

<民調詩/김현수>
화암사 산신각

화암뫼

僧도
經도,

적멸 들었네,

텅,
불명산*으로,

법비꽃* 앉아라.
   * 佛明山: 전북 완주 불명산 화암사.
   * 雨花樓: 화암사 우화루.

〈民調詩/김현수〉
모악뫼 배틀가 • 2

칠흑 속,

달빛 담을
달항아리를 씻고 있습니다,

울엄니,
朝鮮國.

<民調詩/김현수>
눈물먹먹

1.
잘 가라,

땅따먹긴
남은 자들 몫,

허공,
빗금 없는.

2.
흰연기
북뫼 샛별

팅
팅
딸그렁,

窓
먹먹
노란
燈.

〈民調詩〉
난, 억세다 외 4편
김형근

봄 왔다
대나무 숲 사슬 바람 꽃봉 트는 날
멍가슴 앓이
죽창가 부르나!

갈대냐
억새냐
절레절레 재촉한들 허풍선이 삶
여적지
진행 중.

엄나무
가시가시
뉘 마음 쥐고 풍금 자꾸 치나
동네북이더냐!

개여울 홀로 걷는
집세기 신세 쉴 곳 없지만
아직
살아있다.

〈民調詩/김형근〉
A형 아침이다

단순히 떤진 말
중상 입고 몸살이 왔다
그럴 적마다 날 자책했다
십분
허망하고 부질없다 했다.

세치 혀
칼 되어 도려냈을
배려 못한
내 언어가 꽤 많았으니
돌이켜 보면 그럴 만도 하지.

오늘도
바람 소리 소스라쳐
선잠을 깼다
누군가 내말 또 하나보다

A형 아침이다.

〈民調詩/김형근〉
외사랑

가슴알 천둥소리 뱃고동 소리
외기러기 날자
사랑
불 꺼졌다.

왜바람
고인 자리
빗물은 눈물
번져버린 속내.

메모장 빼곡한 그리움
비밀번호
꼭 채워 놓고 전할 곳 몰라
낮때
애가 탄다.

사내야!
마음일랑 보일랑 말랑
흔들대더니 텃새는 떠났지?
꼬시다
꼬시다.

〈民調詩/김형근〉
요즘 내 심보

꽃이삭
보송보송 수다 떤다
돌담 아래서
강아지풀 남매.

꽃이라 으스댄다
심술을 핀다
더는 더
못 봐줘.

아직도 조만 것이 솜털이 숭숭
아무
이유 없어
꽃 꺾어 버렸지.

책갈피
사이사이
격리하고서
귀 막아 버렸지.

<民調詩/김형근>
눈꽃 · 3

흰 속살 탐할수록 살빛 고와
겨울 돼서야 백마 타고 본
첫째 날
각시 꽃.

곁가지 울적마다 내려앉아
술 취하도록 불 질러놓은
흰 날개
고깔 꽃.

옷고름 부여잡고
별별 사랑 고백하고 하룻밤 보낸
생이별
눈물 꽃.

김형근-약력

1959년 忠北 淸州 출생. 충북대학교 교육대학원 졸업. 2003년 <한맥문학>, 월간 <시사문단> 시부 당선. 2005년 제59회 <自由文學> 신인상 민조시부 2회 추천 완료. 한국문인협회 민조시분과 회원.

〈民調詩〉
묘한 세상 외 4편
백상봉

사는 게 고달픈 건 잘난 사람 탓
알고도 모를 일.
그래도 즐거운 건 못난 사람 덕
모두가 아는 일.

〈民調詩/백상봉〉
치매인가

얼굴은 알듯한데 이름은 몰라
눈 밝은 일흔 살.
이름은 알듯한데 얼굴을 몰라
귀 밝은 여든 살.

〈民調詩/백상봉〉
젓가락

서로가 헤어지면 혼자 못 살아
끼니를 설쳐도.
제 짝이 아니라도 만나다 보면
맞아지는 궁합.

〈民調詩/백상봉〉
부부

나라고 하기에는 너무 달라서
말 안 하는 사이.
남이라 하기에는 너무 같아서
말 못하는 사이.

〈民調詩/백상봉〉
입춘 즈음

밝은 달 연못 위로 지나가더니
따라오는 봄 날.
새벽녘 내린 눈은 쉴 곳이 없어
흘러내린 눈물.

백상봉-약력
한국문협, 국제PEN한국본부, 강서문협, 시조시협, 자유문학회 회원. 저서 〈공자 활을 쏘다〉, 〈마음은 콩밭〉, 〈어럴럴 상사도야〉, 〈구룸산 곶고리강〉. 〈화전유사〉.

〈民調詩〉
도솔천 물소리·1 외 5편
法　眼

봉창을
확 열고서
빈하늘 보니
빛고운 솔바람.

〈民調詩/법 안〉
도솔천 물소리 · 2

마음밭
바로 갈면
벌 나비 동산
어허야 디어야,

을사년 입춘에.

〈民調詩/법 안〉
도솔천 물소리・3

금강을
비껴들고
달을 때리니
물보라 엄마꽃.

〈民調詩/법안〉
도솔천 물소리·4

큰 자비
흐르는 강
번뇌 던지니
나비되어 훨훨,

을사년 우수에.

〈民調詩/법 안〉
도솔천 물소리·5

예쁜 놈
미운 놈이
달라보여도
한 바탕 둥근놈.

〈民調詩/법안〉
도솔천 물소리 · 6

밀가루
반죽해서
인연 따르니
칼국수 배추적.
　　*갑진년 동안거 회향하고
　　 삼각산 문수원 납자 법안.

〈民調詩〉
새봄이 왔다 외 4편
徐 鄕

예쁘다
내주름살
지난봄 못본
몰래핀 저승꽃.

〈民調詩/서 향〉
시인으로 사는 건

가난한
종교란다.
시 한 편 쓰면
세상사 다 내 것.

〈民調詩/서 항〉
앵무새 흉보기

앵무새
말 많아서
멀린 못날아,
무언천 타는 놀.

〈民調詩/서 향〉
장미꽃이 피다

앙칼진
가시조차
아름다워라
진초록 5월은.

<民調詩/서 향>
고운사 호랑이

매서운
눈빛으로
날 잡아끄네,

다 놓고 가거라.

서 향·약력
본명 서향숙. 2007년 제64회 <自由文學> 민조시 등림. 현재 자유문학회 감사.

〈民調詩〉
파도 반어법 외 4편
손문자

산더미 외쳐대다
거품으로 스러져간다,
당신께 보낸 반어법 사랑

짝사랑
하
소
연.

샛바람 파도타고 울다 웃다,
호랑 총각 장가들고
여우 아씨 시집가는 날

첫사랑
하
소
연.

〈民調詩/손문자〉
어판장

여명이 어판장을 서성인다,
아침햇살에 걸린 고기떼
눈꺼풀 비리다.

어판엔 곱치고 편 손가락 경매
백태낀 명태
환생을 꿈꾼다.

햇살에 너덜너덜 비린내 밴 손
지전(紙錢)을 접는다.

〈民調詩/손문자〉
노을빛 여정

오뉴월 빗살무늬
붉은 수채화
파도를 탄다,
눗살 눗살 눗살.

오색의 무지갯빛 청춘열차
쾌속으로 달아나고
사연 없이 핀 백발그림자
완행으로 간다.

<民調詩/손문자>
연꽃경

진흙속 향내 품은 새까만 씨알
별빛 묵주로
달빛에 또르르.

피안의 길 위에서 합장으로
웃음 짓고
다소곳 앉아 염불을 외는
흑진주 씨알들.

<民調詩/손문자>
무념무상

냉장고 문을 열고
우두커니 서 있는 여자
무엇을 할까 하얀 머릿속
찬거릴 찾는다.

누구요? 아렴풋한 실없는 남자
살갑던 모습 어디로 가고
세월만 탓한다.

서랍장 칸칸마다 숨겨놓은 검은 봉지들
날짜도 묻고 약속도 묻고
세월도 묻었다.

손문자-약력
2016년 <自由文學> 민조시부, 2024년 <문학21> 시부 등림. 민조시집 <공자라도 공회전>, 시집 <무거운 비밀> 외. 이준열사 전국추모대전 우수상, 다산문예대전 특상 수상. 한국문인협회 문학관건립위원, 국제PEN한국본부 복지위원, 성동문인협회 이사, 자유문학회 이사, 한국민조시인협회 이사.

〈童民調詩〉
단 외 4편
양봉선

흙덩일
토닥토닥
희망을 주는
은밀한 속삭임.

<童民調詩/양봉선>
라일락

별처럼
스며드는
아련한 추억
잊을 수 없어요.

〈童民調詩/양봉선〉
들판

잔잔한
강물처럼
바라만 봐도
평온한 안식처.

<童民調詩/양봉선>
진달래

연분홍
온산 만개
그리움의 꽃
보고픈 그 사람.

<童民調詩/양봉선>
해당화

섬마을
돌 틈 사이
스며든 꽃향
바다의 울타리.

양봉선-약력
1994년 월간 <아동문학> 동화, 1996년 월간 <한맥문학> 시, 2023년 계간 <自由文學> 민조시부 추천 완료. 현재 한국공무원문학협회 부회장, 한국아동청소년문학협회 부회장.

〈民調詩〉
달빛 만공 외 4편
여윤동

밤그늘
망초들의 '피안'의 몸짓

달빛

만공이다.

〈民調詩/여윤동〉
쑥부쟁이노래 · 1

뜻밖의 고백처럼 다른 계절이 다가왔습니다.
잠자리 날개처럼 아침햇살이 바스락입니다.

팔꿈치 부딪치며 걸었던 거리, 어깨 내주던 밤.
뜨겁게 포옹하던 자줏빛강변 쑥부쟁이노래.

계절을 핑계 삼아 앞산에라도 올라보렵니다.
조금 더 사랑하는 깊은 눈동자 가져보렵니다.

<民調詩/여윤동>
만두

고고한 한옥처마 서까래 같은 가지런한 주름.
팽팽한 긴장감을 속으로 품은 사내 불알이다.

맛간장 한 방울에 봇물 터지듯
소를 쏟아낼 쯤.

발그레 볼 한쪽이 부풀어 올라
둥둥
북을 친다.

〈民調詩/여윤동〉
겨울강가에서

천지간 만물들 주인이 없으랴만
맑은 바람을 귀가 취하면 소리가 되고
밝은 달빛을 눈에 들이면 한 폭 풍경이라.

주막집 사랑채 아랫목에 엉덩일 깔고
속 끓이는 술독.
노을이 물러날 쯤
멀쩡한 한 놈 죽일 요량이다.

〈民調詩/여윤동〉
아내가 뿔났다.

튼실한 사내놈이 납치해주면 두 눈 꼭 감고 따라가렵니다.
바람에 날아간 꽃 모자를 죽을 힘 다해 집어주는 놈, 묻지도 않고 따라가렵니다.
대게를 쪄주고 까주고 빼주면서 임영웅의 '이젠 나만'을 아는 놈이면 따라가렵니다.

폭염에 웬 멍 짖는 소리냐고요? 내가 도깨비 방망입니까? 달라고 하면 뭐든 나옵니까?
생각해 보세요, 밥 달라 뭐 달라, 나만 보면 밤낮으로 보채는 통에 살 수가 없어요.

아내와 엄마는 언제나 에너지가 남아도는 게 아닙니다,
사랑받아야 숨 쉴 수 있는 뭇 여자라고요!

꽃매미 떠나가고 귀뚜리 울면 마음에 맞는 친구들 불러 한 잔 하렵니다.
술이란 인생의 만병통치 빨간약이자 홍삼액 맞지요?

여윤동-약력
1995년 제18회 <自由文學> 민조시 등림. 한국문인협회 사무처장 역임. 현재 한국민조시인협회 회장. 창작산맥문학회 회장.

〈民調詩〉
흰하늘 흰그늘 외 3편
오현신

1. 에비, 채식주의!

풀뜯는 사슴을 사냥하는 하이에나
삶은 모두다 죽음의 잔치다.

2. 씨알들에게

알이야,
알들아,
스스로 깨어날 때 생명이란다,
남들이 깨면 밥이 되고 말지,
아들아,
딸들아.

3. 오늘

한 세계 닫히고
한 세계가 열린다,
지금
흰하늘 흰그늘*.

*흰하늘 흰그늘: 본질인 흰하늘이 현상에 발현된 10에서 1을 보는 11귀체의 삶이 흰그늘이 아닐까? 조심스레 엿본다. 色卽是空空卽是色.

〈民調詩/오현신〉
나, 민조시 쓰다

1. 民調詩는 단장시다

흔숨결 斷腸詩
영락없이 빼다박은 하이쿠가 쪽파리여서 시쓰지 못하다,
이제사 춤춘다,
얼쑤
조선율려.

2. 민조 18시

넌 뭐야?
18번이
3,4,5,6.조
각설이(覺說理)* 왔어요.

> *단장시(斷腸詩): 생명의 소리를 3·4·5·6 율조, 생명의 가락으로 풀어내는 후천시대 도수, 18자 오도송 같은 民調詩. 한생명·韓사상·한문화에 관한 의미를 내포한 정형시.
> *각설이(覺說理): 참말 깨달음.

<民調詩/오현신>
心봉사 눈뜨기

1. 한나참나 단박 눈뜨기

보이는 多色만상
열두 마음도
오만 생각도

모두다
틀렸다,

보는 눈 그거,
쉿!
한통속
너와 나.

2. 율려*춤

천지간,
자발동공 소리도 없다,

나홀로 춤춘다,

복희씨*,
율려예악*, 생명줄 꼰다,

해와달 춤춘다.

*율려(律呂): 저절로 오고 가는 생명의 숨가락.
*복희씨(伏羲氏): 인류 문명의 시조이며, 태극기의 팔괘를 그으신 동이족의 성인.
*율려예악(律呂禮樂): 복희씨는 예악과 율려로 인류과 왕도를 다스렸다 함.

〈民調詩/오현신〉
율려 정치

1. 과탄산수소 잿물

세상의 찌든때를 담궈버렸다,
흰눈꽃 피었다.

2. 과탄산수소 政治

권력형 정치인들 담궈버렸다,
푸르다, 여의도.

3. 과탄산수소 天心

비틀린 저울대를 담궈버렸다,
법복입은 시민.

4. 과탄산수소 民心

쓰레기 기래기들 담궈버렸다,
살맛나는 소식.

5. 과탄산수소 人心

패악질 악덕업주 담궈버렸다,
太乙船 태을仙.

6. 과탄산수소 無心

인두껍 파렴치한 담궈버렸다,
하늘이 맑았다.

〈童民調詩〉
목련 외 4편
이해복

햇살을
곱게 갈아
붓끝 세웠다
봄, 활짝 피겠다.

〈童民調詩/이해복〉
마침표

찍어야
완성되지
그냥 놔두면,
계속 꿈틀거려.

<童民調詩/이해복>
연꽃

연못 속
분홍 부처
극락 펼치려
가부좌 틀었다.

〈童民調詩/이해복〉
달밤

달님이
그넬 탄다
빈 가지에서
바람, 신명났다.

<童民調詩/이해복>
할머니의 유모차

낫처럼
굽은 허리
경로당 길에
저 명품 자가용!

__이해복-약력__
1996년 월간 <문예사조> 동시 당선. 2017년 계간 <自由文學> 민조시·동민조시 등림. 평택문인협회, 평택아동문학회 회장 역임. 동시집 <장갑 한 짝> <아빠의 리모컨>, 동민조시집 <여름이 참 달다>, 문해교육교재 <삶과 언어 악보>, <나랏 말씀 I.II>.

〈民調詩〉
하나가 셋 외 5편
趙芝淑

삼줄속
하나·둘·셋
핏줄의 여행,

눈감고도 가는.

〈民調詩/조지숙〉
북소리

쓕(둑)
쓕(둑)
쿵(둥)

하늘아래
주인된 글자,

뜻글과 소리글.

〈民調詩/조지숙〉
時間

이승길
올때부터
그림자되어,

손잡은 씨동무.

〈民調詩/조지숙〉
너를 보면

저절로
느려지는
손·발·눈·코·귀

벌나비
노는 곳.

〈民調詩/조지숙〉
조선 잎갈

백두산
호랑이털
샛노란 물결,

가을
잎갈나무.

조지숙-약력
1968년 전남 보성 출생, 삼육대학교 신학과 졸업, 삼육대학교 대학원 기독교교육학과 졸업, 건국대학교 대학원 통일인문학과 휴학 중. 1991년 소련 하바로브스크 한글학교 설립 운영, 1995년~ 프론티어문화재단 설립 운영, 1995년~98년 나진경제학교 설립, 1995년~2007년 중국 연변조선족, 한족 신학원 운영, 현 ㈜오케이그린에너지글로벌 대표.

청소년시 · 동시

⟨청소년시:青詩⟩
백설공주는 자라서 계모왕비가 된다 외 3편
김승혁

1.
거울을 응시합니다.
계모왕비와 여고생 사이에는 거울이 놓여있습니다.
원한다면 누구나 주인공으로 만들어줍니다.

고등학교 여자화장실 거울 앞입니다.
'거울아, 거울아 이세상에서 누가 제일 예쁘니?'
'나야. 나!' '아니야, 나라니까, 나!'

그 즉시, 계모왕비에게 거울의 대답이 들립니다.
'백설공주가 이세상에서 제일 예쁩니다.'

분명, 무언가 잘못됐습니다. 거울은 양면이었습니다. 이미지의 거울과 언어의 거울이 한 쌍이었던 것이었습니다. 계모왕비는 백설공주에게도 언어의 거울을 선물하기로 합니다.

2.
독사과 박스가 책상에 놓여 있습니다. 최고급 핸드폰입니다. 한 달이 채 지나기도 전에, 에스엔에스(SNS)로 자신의 일상을 중계하게 됩니다. '댓글'과 '좋아요'에 매혹당합니다. 거울을 보며 '나야, 나'를 확인하듯 댓글을 확인하고 확인합니다. 그러다 연예기획사로부터 디엠(Direct Message)을 받게 됩니다. 아이돌 연습생이 되었고, 경연 프로그램에 나가게 되었고, 심사위원들 앞에 서게 되었습니다.

계모왕비가 선물한 빨간 킬힐(kill heel)을 싣고 무대로 올라갑니다.

3.
-픽미, 픽미, 픽미업!(pick me, pick me, pick me up!)
빨간 킬힐을 신고 춤춥니다.
에스엔에스(SNS)와 심사위원들이 원하는 이미지를 연출하기 위해 절박하게 춤춥니다.
눈처럼 하얗고, 피처럼 새빨갛고, 흑단처럼 까만 아이가 되기 위해 춤춥니다.
계모왕비는 거울을 응시합니다. 백설공주가 보입니다.
백설공주가 자신이 된 것 같기도 하고, 자신이 백설공주가 된 것 같기도 합니다. 흐뭇하게 웃습니다. 이제 됐습니다.
계모왕비도 한때는 여고생이었습니다.
더 어릴 적에는 공주님이었습니다.
누구나 공주님이었습니다.

〈청소년시:青詩/김승혁〉
이불 공주*를 위한 辨

참 다행이야,
수능이 다가오며 날씨가 추워져서.

수업 시작되고, 나는
무릎담요를 뒤집어쓴 채
부드럽고 따스한 감촉에 온 신경을 집중한다.
겨울이 봄을 상상할 수 없듯
3개월 후의 나를 상상할 수 없으므로,

두렵다.
선생님의 시선이, 친구들의 필기 소리가
얇은 무릎담요를 뚫고 내 귀에 파고든다.
그럴수록, 담요 자락 꽉 붙잡고.

도망친다,
무릎담요 안, 옅은 睡眠 속으로
나의 심장은 빠르게 뛴다, 도망친다, 그러나
자꾸 넘어진다, 파르르 떨리며 피가 헛돈다.
옅은 열과 함께 멍멍해지며 반 수면에,
옅은 水面에 내가 띄워진다.
어서 팔다리를 저어 깊은 바다로 가야 한다.
찬란한 빛을 등진, 검은 실루엣의 누군가 나를 쫓아온다.

선생님은 몇 개월 후 잉여 인간이 될 나에게 말한다.
'너 수능이 얼마 안 남았는데, 이렇게 잠만 자면 안 되지.'

나는 마저 도망치기 위해 말한다.
'저 대학 안 갈 건데요.'

*이불 공주: 수업 시간마다 무릎담요를 덮어쓴 채 대놓고 잠을 자는 학생을 '이불 공주'라 함. 그들은 입시 경쟁에서 진작에 밀려나 대학을 포기한 학생들이다. 그들이 잠에 바치는 시간과 교사의 권위는 반비례한다.

〈청소년시:靑詩/김승혁〉
바이센테니얼맨*

1.
　빛의 씨줄과 죽음이란 날줄로 짜여진 네 영상속의 나는 결코 안드로이드가 아니라고 하였다. 나는 죽음을 모르기에 인간이 될 수 없었다. 하지만 조금 전, 내 안에 죽음이란 바이러스를 받아들였다. 독이 퍼져간다. 죽음이란 날줄이 아로새겨지며, 지난 200년간의 기억이 새롭게 살아난다.

2.
내 눈동자 안에는 무지개 칩이 있다
칩에 내장된 수만 개의 나노프리즘을 통과하는 마지막 햇살
달아나지 못하는 눈부신 산란
둥글게 눈동자에 맺힌 처음이자 마지막 눈물
정지된 시간의 결정체가 내 눈에 맺혀있다
영원이란 단어는 불사를 의미하지 않는다.

3.
무량으로 쏟아지는 햇빛속에 미세하게 섞인 별빛 하나를 읽고 있어
차츰 의식이 어두워져 수만 개의 별이 뜨고
나는 오직 하나의 별빛을 보고 있어
당신 눈 너머 반짝이는 별
무지개다리너머 너의 집이 보여.

　나는 지금 무지개다리를 건너고 있어.

　　*바이센테니얼맨(Bicentennial Man): 영화 제목. 200년간 산 사람이라는 뜻. 주인공 앤드류는 안드로이드(인조인간)로 한 여자를 사랑하기 위해 인간으로 인정받으려 소송을 걸게 되는데, 사람이 되는 조건으로 죽음을 택한다. 영화에서는 시에서와 달리 사랑하던 여자보다 앤드류가 먼저 죽는다.

〈청소년시:靑詩/김승혁〉
'같다'의 세계, 그끝엔

나는 너를 좋아하는 것 같아.
나는 글공부가 적성에 맞는 것 같아.
아니, 적성에 맞지 않는 것 같아.

나는 이웃들에게 사랑받는 것 같아.
아니, 미움 받는 것 같아.
나에겐 남다른 매력이 있는 것 같아.
아니, 매력 없는 것 같아.
나는 너를 좋아하지 않는 것 같아.
그러나 너는 나를 좋아하는 것 같아.
아니, 나를 좋아하지 않는 것 같아.

동전 던지기로
살얼음판 위에서
다시, 동전을 던져보이기 위해
가벼워지고 가벼워져서는
살얼음판 호수끝에 닿을 수는 있을까?
동전의 무게보다 가벼워져서
쩍쩍 금이 가기 시작하는 빙판길에서,

아마도 어느날 신기루로 소멸해버릴, '같다'의 세계
그리고 그끝엔 다시 동전을 던져보이기 위해….

김승혁 약력
대구 출생. 재능대학교 문예창작학과 졸업, 방송통신대학교 국어국문학과 졸업. 2007년 제63회 <自由文學> 청소년시부 2회 추천 완료. 현재 自由文學會 사무국장.

〈청소년시 : 靑詩〉
미운 오리 외 4편
신명옥

혼자 노는 미운 오린
'좋아'라는 속삭임은 떨려 못해도
'싫어'라는 소린
어쩜 그리 힘 안 들이고 잘하는지 미워죽겠어요.

보고픈 것은 숨막히게 가슴조르고
싫은 건 코끝만큼도 못참고 씩씩대는 쌀쌀맞은 오리새끼가
서쪽하늘만 바라봐요.

낯붉히며, 때로는 고개숙여 실웃음 흘리며
누군가를 기다리는 것은
신데렐러를 기다리는 것은
신데렐러가 너무 예뻐선지 말 못하겠대요.
진짜 미운 오리새낀가 봅니다.

백조도 못 된 채
호수와 물을 오락가락하다,
꽥꽥 울기만 하겠지요.
처음도 보지 않고
두 번 볼 수 없다는 걸
아는지 모르는지요.

<청소년시:青詩/신명옥>
내 사랑 윤지수 그레고리오

사랑했던 사랑보다,
사랑하는 사람보다,
더 큰사랑 내 사랑 윤지수 그레고리오
볼수록 새록새록 사랑이 솟아나
말로 표현할 수 없는 진한 감동이 매일매일 다가와
어떤 시로도
어떤 그림으로도
어떤 음악으로도
그 사랑만큼 표현할 순 없어
쉼없이 되풀이되는 수다쟁이 사랑
몸으로 마음으로 눈으로 하는 사랑
늘 수고하는 사랑
힘솟는 사랑
두 손 모으는 사랑
세상에 하나 뿐인 영원한 진리의 사랑
있어야 할 이유
살아야 할 이유
그에 대한 정답 하나는 내 사랑 윤지수 그레고리오

〈청소년시:靑詩/신명옥〉
그 여자

그 여자에게는 마음이
두 개 있어요.
하나는 소녀 마음
또 하나는 여자 마음이지요.
마음이 어느 때는
소녀에게 있다가
또 어느 때는
여자에게 있지요.
마음이 소녀일 때는
수다가 폭풍처럼 몰아치다가도
그 마음이 여자일 때는
그리움이 눈에서 폭포가 되지요.
여자에게는 소녀가 있고
소녀에게는 여자가 있었던 거예요.
세월의 두께가
소녀와 여자를 볼품없게 했어도
그 세월을 하나하나 벗기면
새하얀 소녀와 분홍빛 여자가 있어요.
그 여자에게는
새하얀 소녀와 분홍빛 여자가
살고 있는 거예요.

<청소년시:青詩/신명옥>
그 여자 · 2

잊으면 안 되는 것을
그만 깜빡했어요.
성질부리면 안 되는 것을
성질을 패대기치고 말았어요.
잊고 싶어서 잊었고
참기 싫어서 놓았는데
그게 아니라니
서러워요.
악을 쓰고
노발대발하고
더는 없다고
맹세를 굴뚝같이 하였건만
그 여자에게도 아킬레스가 있었으니.

그 아킬레스를 신이 잡고
호통치는 바람에
무릎은 꺾이고
서러운 눈은 물이 되어 흐릅니다.
그 길이 그 여자의 길인 것을.
저 길은 그 여자의 길이 아닌 것을.
잊고자 함이
맘대로 하고자 함이
허락된 일이 아니라는 것을.

혹여 할 수 있다 하여도

그 여자의 가장 소중한 사랑에 고난이 된다니
하라고 해도 할 수 없음을
어찌 잊었을까요.

〈청소년시:青詩/신명옥〉
그 여자 · 3
- 라면과 커피믹스

먹어서 참 맛이 있을 때도 있고
먹고 나서 이걸 왜 먹었지 한 적도 있지만
돈이 아깝다는 생각은 한 번도 한 적이 없다.
항상 배부르고 돈 아깝지 않은 것은
라면과 커피믹스뿐이다.
라면을 먹고 커피믹스를 마시는 것이
근사한 이탈리안 레스토랑에서 파스타를 먹고
경치 좋은 곳에서 우아한 커피를 마시는 것보다
뱃속 편하고 후회의 싹은 하나도 없게 한다.
호주머니에서 새지 않는 돈과
호주머니에서 쌓이는 돈이
그 여자는 더 달고 맛있다.
홍등 날리는 중식당 짬뽕 국물보단
라면 국물이 그 여자에게 꿈을 준다.
라면수프와 봉지 속이 커피믹스가
팔팔 끓는 물에 녹았을 때 궁합은
황금비율의 천생연분이다.
그 여자에게 어울리는 것을 먹는 것이
그 여자가 먹을 수 있는 것을 먹는 것이
그 여자 삶에 예의를 다하는 것이다.
겉치레를 버리고
남의 눈을 의식하지 않을 때
희망의 달이 솟아난다.
원하는 것을 얻으려고

때로는 원하지 않는 것을 먹는 것은
내일이 그 여자를 보고 있기 때문이다.
먹여 살릴 곳간을 채우는 것이다.
곳간을 채우는 것은 개미만의 일이 아니다.

〈동 시/박예자〉
심심할까 봐 외 4편
박예자

아빠가
앙상한
겨울 감나무에
딱따구리를 만들어
앉혀 놓았지

딱따구리
심심할까 봐
까치가 날아와
곁에 앉았다 가고

참새들이
곁에 앉아
짹짹짹 노래 부르네

딱따구리 심심할까 봐.

〈동 시/박예자〉
봄을 데리고 왔다

일요일 점심때
할머니 집에,

영진인
분홍 티셔츠에
분홍 운동화 신고 왔다.

영서는
긴 머리에
노랑나비 두 마리 앉혀
데리고 왔다.

돌 지난
아가 영운이
꽃신 신고
아장아장 걸어왔다.

할머니 집에
아가 셋이
봄을 데리고 왔다.

<동 시/박예자>
감나무 안아주기

다섯 살이 된
아기 감나무가
열 개도 넘게
감을 매달고 있다

할머닌
감나무를
가만히 어루만지며

힘들지?
많이 힘들지 하며
감나무를
껴안아 준다

나도
할머니 따라
감나무를
꼬옥 껴안아 주었다

<동 시/박예자>
꼼지락 꼼지락 아가발

고모가
아가를 업었어요
포대기 두르고

아가 발이
포대기 밑으로
쏘옥
꼼지락, 꼼지락

귀여운 아가 발
귀여운 아가 발가락

<동 시/박예자>
뒤집기 연습

백일 된
아가

뒤집으려고
낑낑!
혼자 연습하는
레슬링 선수.

박예자-약력
전남 순천 출생. 1996년 <自由文學> 동시부 신인상. 동시집 <우리는 신나는 1학년>, <우리 아빠 자장자장>, <열아홉 살 선생님>, <나는 왜 이럴까>, <해님이 집에 갔나 봐>, <오줌 싸서 미안해요, 할머니>, <오줌 싸서 미안해요, 할머니> 등 17권.

<동 시>
엄마가 있지 외 4편
백두현

새들은 새끼일 적부터
물고기를 먹을 때
머리부터 삼킨다.

꼬리부터 삼키면
지느러미가 목에 걸리니까.

어떻게 알았을까?

아, 참!
새들도 엄마가 있지.

<동 시/백두현>
세상에서 제일 맛있는 반찬

나는 제육볶음이
세상에서 제일 맛있다.

아버지는 동태 국이
세상에서 제일 맛있다.

둘 다
엄마가 만들었다.

<동 시/백두현>
엄마의 변심

처음 아빠가 설거지하셨을 때는

- 여보 내가 설거지 할까?
- 어머, 고마워요!

요즘 아빠가 설거지하실 때는

- 여보 내가 설거지 할까?
- 아니 그럼, 내가 해요?

<동 시/백두현>
내리사랑

어미 쭈꾸미는 소라껍질 속에
알을 낳은 뒤
입구를 온몸으로 막아 지킨다.

침입자를 막을 수 있지만
밖으로 나갈 수 없는 배고픈 새끼들은
엄마 살을 먹고 자란다.

- 기억 하렴!
- 오래 전 엄마도 이렇게 컸단다.

〈동 시/백두현〉
분노의 쇼핑

부부싸움을 한 엄마

백화점에 가서
양 손이 모자라도록
쇼핑하셨다.

내 점퍼와
형 운동화
누나 블라우스

그리고
아빠 티셔츠

엄마 것은
없다.

백두현-약력
충북 제천에서 동시와 수필을 쓰며 살고 있다. 2009년 〈自由文學〉 동시 등림. 동시집 〈내 친구 상어〉 〈엄마가 있지〉, 수필집 〈삼백 리 성못길〉 〈이제 와 생각해보면〉 〈설거지하는 남자〉 〈세상에서 가장 행복한 집〉 출간. 한국불교아동문학작가상. 중봉조헌문학상 수상.

<동 시>
매달려 있는 것 외 2편
신새별

나뭇가지에 매달려 있는 게 뭐지?
- 나뭇잎.

나뭇잎에 매달려 있는 게 뭐지?
- 물방울.

엄마한테 매달려 있는 게 뭐지?
- 나!

〈동 시/신새별〉
발의 잠

서울역 광장에서
잠자는 아저씨의 까만 맨발이
종이상자집에 누워 잔다.

어릴 적 뽀얗던 발이
까맣게 잠들어 있다.

어머니가 두 손으로 씻겨 주었을 발
힘없이 자고만 있다.

곧 서리가 내린다는데…….
아들딸한테 돌아가는 꿈이라도 꾸는지
엄지발가락이
꼼지락 꼼지락,

신발이
종이상자집 앞에서
까만 맨발을 지키고 있다.

〈동 시/신새별〉
울고 있는 아기
— 평화야, 친구하자·2

머리에 총탄을 맞고 죽어가던 엄마
아기는 살리고 끝내 숨졌다,
팔레스타인 아기 엄마.

엄마가 숨진 지
몇 초 만에 태어났다는 아기
엄마·아빠·세 살 언니는 사망하고
아기는 인큐베이터로 옮겨졌다.

울고 있는 아기는
너무 예뻤다.

신새별-약력
1969년 서울 출생. 경희대 불문학과 및 동 대학원 졸업. 경희대·재능대 강사 역임. 1998년 〈아동문예〉 동시 당선으로 등림. 동시집 〈별꽃 찾기〉, 〈발의 잠〉. 한국아동문예상·열린아동문학상·오늘의 동시문학상·월간문학상 등 수상. 현재 한국아동문학인협회 이사, 새싹회 이사, 한국문협 이사, 국제펜한국본부 이사, 계간 〈自由文學〉 발행인, 자유문학회 자문위원.

<동 시>
개 미 외 4편
이주남

안녕, 나는 작은 개미야.
나는 네 바지 속으로 기어 들어가는 것을 좋아해.

나는 너의 고추를 꼬집을 수도 있어.
날카로운 집게턱이 있으니까.
따갑고도 쓰리게 할 독주머니도 있지.

튼튼한 다리도 여섯 개나 돼.
내 아기들은 하얀 쌀알 같은 알에서 태어나지.

나는 내 몸무게보다 스무 배나 더 무거운 먹잇감을
거뜬히 들어 옮길 수가 있어.
하루 일 열심히 마치고 나면
우리마을 내 집 땅굴방에서 단잠을 청하지.

<동 시/이주남>
할아버지가 안경을 떨어뜨렸어요

할아버지가 물감통에 안경을 떨어뜨렸어요.
안경을 건져 올려 썼을 때는 보랏빛 하늘만 보였어요.
보랏빛 바람개비가 보랏빛으로 뱅글뱅글 돌고 있어요.
창문 밖 보라색 나무들도 보라색 꽃을 피우고
보랏빛 부엌에선
보랏빛 엄마가 보랏빛 찌개를 끓이고 있어요.
보랏빛 내 동생은 보랏빛 인형을 가지고 놀아요.
벽에는 보랏빛 바퀴벌레 한 마리 기어 올라가고 있어요.

저녁 먹을 때가 되자 할아버지는
보랏빛 돼지고기가 든 김치찌개를
보랏빛 은숟가락으로 듬뿍듬뿍 떠드셨어요.

내일 모레까지도 보랏빛 세상이라면
보랏빛 안경을 쓰지 않아도
내 눈 앞의 모든 것
보랏빛으로 보인다면 참 좋겠어요.

〈동 시/이주남〉
선생님이 좋아요

믿거나 말거나
나는 학교가 좋아요.
정말 정말 좋아요.

조용한 산도 좋긴 하지만
시끄러운 학교가 더 좋아요

책을 읽을 수 있어 좋고
그림을 그릴 수 있어 더욱 좋아요
맨발로 춤도 출 수 있어 더 즐거워요.

내가 선생님을 좋아하듯
선생님도 나를 좋아해요.
서로서로 좋아하는 것 참말인 것도 알지요.
늘 보면 웃으시니까요.

<동 시/이주남>
우는 것도 예뻐요

가끔씩 우는 것도 좋아요.
왜 우니,
울지 마 하고
달래주니까요.

무서운 영화도 좋아해요.
엄마를
꽉 껴안을 수 있으니까요.

책읽기도 좋아해요.
읽으면
즐거우니까요.

내가 꿀을 좋아하는 이유는
손가락을 핥아 빨 수 있기 때문이예요.
핥고 빤다고 해서
아무도 버릇없단 말하지 않아요.

우는 것도 예쁘다고 하지만
나는
정말 정말 웃을 수 있는 것이 더 좋아요.

‹동 시/이주남›
내 종이배는 누가 건져올리나

강물은 황톳빛
모래는 황금빛
나무들 사이로 곱게 흘러가지요.

거품섬들이 여기저기 짜릿하고
초록 나뭇잎들 떠 있어요.

떠다니는 내 종이배는
어디 어디로 흘러갈까요?

골짜기를 휘돌아
언덕을 비켜 지나가지요.

예쁜 아기들이
강가 꽃밭에서 나비 되어 놀다가
떠내려가는 내 종이배를 보게 되면
건져 올리겠지요.

이주남-약력
1986년 동아일보 신춘문예 시조 당선, ‹自由文學› 동시 당선. 시조집 ‹오하이오에서 며칠을› 외 3권. 동시집 ‹뭐라구요, 오늘이 토요일이라구요?›. 한국시조시인협회 부이사장, 이대 동창문인회 회장 역임. 현재 자유문학회 자문위원.

<동 시>
석수장이 외 4편
한상순

석수장이 할아버지
망치 하나 정 한 개로 돌 껍질 벗기고

강아지를 꺼낸다

양을 꺼낸다

낙타를 꺼낸다

어떤 때는 돌 속에서
부처님도 모시고 나온다

이럴 땐 석수장이 얼굴도
마냥 부처님 얼굴이다

〈동 시/한상순〉
참새

작아서
작아서
더 반짝이는 눈을 가진
새

작아서
작아서
더 팔딱이는 가슴을 가진
새

작아서
작아서
더 종종대는 발을 가진
새

짹! 소리 하나로도
이 세상 말을 다 하는
짹짹
참새

<동 시/한상순>
얼만큼 사랑해?

엄마,
날
얼만큼 사랑해?

발에 흙 묻을까
새끼를 주머니에 넣고 다니는
캥거루만큼?

큰 물고기에게 잡힐까
새끼를 입에 넣고 다니는
마우스브리더만큼?

황소개구리한테 먹힐까
수초밭 알둥지 지키는
아빠 가시고기만큼?

꼭 그만큼?

- 아니아니
  그보다
  훨씬 더!

〈동 시/한상순〉
눈싸움 대장

해님은
분명
왕눈일 거야

우리 반
눈싸움 대장인
나도

해님이랑
눈싸움에선
늘
지고 만단다

해님이 먼저
눈 깜박이는 걸
본 적 없단다

아이,
눈부셔!

<동 시/한상순>
별자리

별은
아무리 그 자리 탐나도
혼자 꿰차지 않나 봐

봄엔 까마귀자리가
여름엔 백조자리
백조자리가 가을엔 조랑말자리
조랑말자리가 겨울엔 토끼자리

별은
자리 내놓기
참 쉬운가 봐

한상순-약력
전북 오수 출생. 1999년 <自由文學> 동시부 신인상. 동시집 <거미의 소소한 생각>, <세상에서 제일 큰 키>, <병원에선 간호사가 엄마래>, <딱따구리 학교>, <뻥튀기는 속상해> 등을 펴냈으며, 그림책 <오리가족 이사하는 날>, <숲속 곰곰이 보건소> 등이 있다.

소설

<소 설>
달 밤
오을식

  달빛이 마른 눈가루처럼 쓸리며 반짝거렸다. 마당은 흡사 살얼음 깔린 방죽 같았다. 이따금 담장을 넘어온 칼바람이 마당을 휘돌아 발랑거리다 마루와 처마까지 감사납게 치댔다.
  움찔움찔 비틀리며 배쓱거리던 살문이 덜컥 열렸다. 살문과 대치하던 방안의 불빛이 다투어 문턱을 넘다 널마루로 나엎어졌다. 만수(萬壽)씨는 힘, 하고 한 차례 목을 가다듬고는 그림자를 앞세워 마루로 나섰다. 윗목 사진틀 아래 달력에다 실눈을 대고 있던 평산댁도 종종 걸음으로 따라 나와 만수 씨 곁에 나란히 섰다. 마루에서 마당을 거쳐 우사까지 뻗어나간 두 사람의 길고 짧은 그림자가 절구와 절구통의 조합처럼 절묘하게 어울렸다.
  만수 씨는 시야를 가리는 처마를 높이기 위해 허리를 굽혀 눈높이를 낮추고는 목을 늘여 동네 초입에 선 팽나무를 바라보았다. 읍내를 향해 단정하게 뻗어나간 신작로가 가벼운 비탈을 만나 완만하게 굽을 트는 지점에 자리한 팽나무는 앙상한 가지를 부챗살처럼 치켜들고 우두커니 서 있었다. 우듬지를 더듬던 만수 씨의 시선이 오른편에 납작 엎드려 있는 컨테이너로 옮겨갔다. 거기 상판 모서리에 뿔처럼 설치된 두 개의 서치에서 창백한 불빛이 쏟아지고 있었다.

팽나무 주변을 살피던 만수 씨가 불현듯 팔꿈치로 평산댁의 어깨를 툭툭 쳤다.

임자, 저기 좀 봐!

고개를 돌린 평산댁이 재빨리 만수 씨의 오른팔을 기둥삼아 발꿈치를 들었다.

어때, 개미새끼 하나 없지? 내가 뭐랬어, 틀림없이 뭔 사달이 났다니까.

만수 씨가 고개를 갸우뚱거리는 평산댁을 바라보며 말했다.

정말이네. 이 비상시기에 다들 어딜 간 거야?

두 사람은 다시 먼눈으로 팽나무를 주시했다. 기온이 영하 15도 밑으로 곤두박질쳤던 지난주의 기록적인 한파에도 24시간 내내 근무자를 뺀 적이 없고, 아까 해질녘까지만 해도 노란 조끼차림의 근무자들이 봉을 흔들며 검역을 수행한 초소였다. 그런데 갑자기 초소에 근무자가 사라지다니.

혹시 단체로 뒷간을 갔나?

평산댁이 혼잣말로 중얼거렸다.

그게 뭔 귀신 팥죽 먹는 소리여. 아니 그럼 그 사람들이 지금 저 좁아터진 이동 변소에서 궁둥이를 맞대고 있다는 것이여? 말이 되는 소리를 해야지.

아니, 왜 화를 내고 그래요? 그냥 농으로 해본 소리를 가지고.

평산댁이 투덜거리며 먼저 허리를 접고 쪼그렸다. 만수 씨도 껑충한 키를 줄여 같은 자세로 앉았다. 두 사람은 무릎 위에 턱을 괴고서 달빛이 쏟아져 내리는 마당을 하염없이 바라보았다. 우물가 구슬나무 가지에 걸려있던 달이 시나브로 막 비상하는 중이었다.

손바닥을 재게 비벼 두어 번 마른세수를 한 평산댁이 고개를 돌려 만수 씨를 바라보았다.

정말 갈 거예요?

다른 방법이 없잖아, 보나마나 날 밝으면 포클레인 앞세워 득달같이 몰려들 텐데.

만수 씨가 맥없이 대꾸했다. 평산댁의 시선이 달빛 가득한 마당을 가로질러 건너편 우사로 향했다. 캄캄한 우사는 고요해서 비어 있는 헛간처럼 보였다.

아까 달력 보니까 예정일이 이미 지났던데….

만수 씨는 대꾸하지 않고 몸을 일으켰다. 마루 가장자리에 올려 둔 털신을 가져와 기둥에 탁탁 털어 신고는 마당으로 내려섰다. 달빛을 받은 만수 씨의 머리가 함박눈을 뒤집어 쓴 것처럼 하얗게 빛났다.

마당을 가로질러 곧장 우사로 들어갔다. 손바닥으로 벽을 더듬어 스위치를 올렸다. 똬리를 틀고 있던 어둠의 입자들이 빛의 속도로 스러졌다. 비스듬히 누워있던 소가 커다란 눈을 껌뻑이며 힘겹게 일어섰다. 그냥 앉아 있어라, 몸도 무거울 텐데. 만수 씨가 소의 목덜미를 쓰다듬으며 속삭이자 소가 머리를 살래살래 흔들었다. 마치, 아니에요, 어른이 오시면 벌떡 일어나 예를 갖추어야지요, 라고 말하는 것 같았다.

만수 씨는 소를 에둘러 살핀 다음 솥이 걸린 구석으로 갔다. 무쇠손잡이를 잡아 뚜껑을 여니 뜨거운 수증기가 일시에 위로 솟구쳤다. 동시에 하물하물 익은 건초며 콩깍지 냄새가 와락 끼쳐와 코를 자극했다. 소가 머리를 좌우로 크게 흔들며 좋아했다. 우사 안은 들보에서 서까래까지 수증기와 워낭소리로 짐벙졌다. 만수 씨는 소죽을 막대기로 휘휘저어 김이 빠지기를 기다렸다가 적당한 온도가 되자 바가지로 퍼서 여물통에 옮겼다. 소는 퍼주기가 무섭게 통을 비웠다. 만수 씨는 다시 여물통 가득 채워 주고는 소의 목덜미와 배를 쓰다듬으며 마음으로 말했다. 많이 먹어라 일이 틀어지면 이게 마지막 만찬이 될 수도 있으니까.

마당으로 나온 만수 씨는 주머니를 뒤져 담배를 꺼냈다. 우사 벽에 등을 기대고 라이터를 켰다. 4년 전, 아들을 선산 맨 밑자리로 보내고 너무 허전하고 분해서 잡게 된 담배였다. 그걸 올 정월 초하루를 기해 과감하게 끊었던 것인데….

구제역이 온 나라를 휩쓸어 살 처분된 가축이 마침내 190만 두를 넘어섰다는 뉴스가 속보로 떴다. 방송에 나온 방역전문가들은 이구동성으로 이번 바이러스는 워낙 활동성이 강해서 육지에서는 50km를, 바다를 끼면 250km를 그냥 날아가 감염시킨다면서 이제 우리 땅 어디도 안전한 곳이 없다고 탄식했다. 이를 근거로 머지않아 한반도에서 가축이 사라지는 비극이 벌어질 수 있다고 주장하는 전문가도 있었다. 하지만 만수 씨는 그런 뉴스에도 별다른 반응을 보이지 않았다. 오히려 담담하고 평온한 자세로 그저 고개만 끄덕일 뿐이었다. 만수 씨가 그렇게 태평한 태도를 보인 것은 이른바 믿는 구석이 있어서였다. 그는 다른 지역은 몰라도 이곳 왕산만큼은 구제역이 아니라 그것의 할아비가 온다고 해도 전혀 걱정할 게 없다고 자신했던 것이다.

왕산은 첩첩한 산중 골짜기에 절묘하게 자리한 비밀스러운 마을이었다. 마을을 겹겹으로 둘러선 산들은 각기 큰 덩치에 어울리는 봉과 골을 여러 개씩 거느리면서, 어느 때라도 물이 필요하면 비구름을 부르고, 혹여 나쁜 기운이 감지되면 시원한 바람을 불러와 날렸으며, 극심한 추위가 닥치면 서둘러 함박눈을 초대해 두툼한 솜이불을 지어 덮고는 했던 것이다. 그런 천혜의 보호막 덕분에 그 어떤 태풍이나 비바람에도 큰 피해를 입은 적이 없었다. 그러니 같은 이치로 그놈의 바이러스가 제 아무리 날고 기는 재주를 가졌다 해도 왕산까지 날아와 가축들을 위험에 빠트리는 일은 절대 없을 것이라 자신했던 것이다.

그런데 어제 읍내에 다녀오다 초소 앞을 지나던 만수 씨는 특이한 광경을 목격하고는 고개를 갸웃거렸다. 선거 이후 모습을 드러낸 적이 없는 군수가 별안간 면장을 대동하고 마을에 나타난 것도 그렇거니와 그들이 좁아터진 컨테이너 안에서 브리핑을 받으며 연신 줄담배를 태우고 있는 것도 이상했다. 만수 씨는 창문에 붙어서서 그들의 일거수일투족을 지켜보다가 어느 순간 깜짝 놀라 한발 물러섰다. 벽에 걸린 지도가 문제였다. 군수가 노려보고 있는 대형 지도 중간에 빨간색으로 떡칠이 되어 있는 지점이 있었는데, 그곳은 얼른 봐도 개울 건너 평화농장이었던 것이다.

평화농장은 일대에서 가장 규모가 컸다. 며칠 전 거기 젖소 몇 마리가 이상 증세를 보여 시료 채취를 해갔다는 풍문이 있었는데 분위기로 보아 비관적인 결과가 나온 게 분명했다. 만약 그 농장에 구제역 확진 판정이 나왔다면 심각한 문제가 아닐 수 없었다. 그건 단순히 그 농장만의 피해가 아니라 일대 축산 농가에 막대한 타격을 줄게 뻔했다. 1차적으로 그 농장의 모든 젖소들이 살 처분을 당할 것이고 그리되면 이웃한 농장들의 건강한 소들도 무사하지 못할 터였다. 분위기로 보아 평화농장에 대한 조처는 이미 결정된 것으로 보였다. 관심사는 이제 평화농장을 중심으로 그어질 죽음의 울타리가 과연 어디까지인가였다. 발병이 확인되면 그 농장으로부터 반경 500m 이내에 있는 축사의 가축은 무조건 살 처분하도록 규정되어 있었던 것이다. 만수 씨는 마른침을 삼키며 문제의 동그라미가 부디 자신의 집 우사까지 미치지 않기를 간절히 바랐다.

만수 씨는 절반 쯤 태운 담배를 땅에 비벼 끄고 다시 우사 안으로 들어갔다. 여물통을 깨끗이 비운 소는 머리를 좌우로 흔들고 꼬리로 배통을 찰싹찰싹 갈기며 만수 씨를 반겼다. 잘 먹어서 기분이 좋다는 뜻이었다. 그러다 갑작스럽게 앞다리와 뒷다리 사이를 좁혀 등을 굽히고는 엉덩이를 앙바틈하게 버티었다. 꼬리뼈가 바짝 치켜지는가싶더니 곧 동이물 쏟아지는 소리가 났다. 때마침 우사로 막 들어서던 평산댁이 화들짝 놀라 새된 목소리로 나무랐다.
오매, 이 여자 시아부지 앞에서 뭔 실례여. 누가 들으면 저수지 둑 터진 줄 알겠네.
만수 씨가 허연 이를 드러내며 콧김을 내뿜었다. 우사를 나선 만수 씨는 팔을 휘휘 내저으며 마당을 오갔다. 그는 구부정한 자세로 거침없이 집안을 돌며 곳곳에서 뭔가를 집어냈는데, 행동이 마치 예전 밀주 단속을 나온 관리나 땔감 단속을 나온 산감처럼 빠르고 단호했다. 가지고 나온 것들을 마당 구석에 모아놓으니 그새 고만고만한 꾸러미가 여럿이었다. 그것들을 헛간에서 지고 나온 바지게에 차곡차곡 올렸다. 곁에서 가만히 지켜보던 평산댁이 꾸러미 하나에 손을 보태며 참견했다.
 당신 금광에다 아예 살림을 차릴 작정이시오? 뭔 짐이 이리 많소?
 저 여자랑 나랑 먹고 잠잘 거.
 만수 씨가 실실 웃으며 대꾸했다. 평산댁이 미간을 찌푸리며 눈을 동그랗게 떴다.
 둘이만? 그럼 나는요?
 짐마다 줄을 물려 조이고 있던 만수 씨가 입김을 뿜으며 심드렁하게 대답했다.
 당신은 걱정 붙들어 매고 집에 있어요. 그러다 사람들 몰려오면 그냥 딱 잡아 떼. 일어나 보니까 소하고 영감이 감쪽같이 없어졌다고, 근데 꼭 어제 아침이라고 해야 돼. 구제역 발병을 알지 못하고 간 것으로 해야 하니까.
 평산댁이 화가 뻗친 거위처럼 펄쩍 뛰며 코앞까지 대들었다.
 오매, 당신 지금 그것이 말이요 소요? 나 거짓말 못하는 거 뻔히 알면서.
 만수 씨도 지지 않았다.
 아따, 다른 때는 구렁이 담 넘어가듯이 잘만 시치미를 떼놓고, 정작 멍석을 깔아주니 못한다는 건 또 뭔 심보여?
 내가 언제 그랬어요?
 평산댁이 턱을 쳐들고 따지자 만수 씨는 잠시 말을 끊고 주위를 둘러보고는 강단진 저음으로 조곤조곤 나무랐다.
 당신 저번 날 저녁에 전화로 딸내미한테 뭐라고 했어? 뭐, 당신이 22년을 소중히 지켜온 순결을 결혼식 첫날밤에야 선물로 내놨다고? 내가 그 구라에 허파가 터질 뻔했어, 너무 웃겨서. 그럼 우리가 결혼 전에 금광에서 만나 주구장창 했던 것은 뭐여. 내가 허깨비하고 한 거여?
 오매, 남사스럽게! 목소리 좀 낮추시오. 그거야 순자 년이 요즘 남자를 만난다고 하니까 교훈적으로다가 한 말이었지요.
 평산댁이 쪼글진 입술을 한껏 내밀며 눈을 흘겼다 하지만 달을

239

등진 탓에 그 표정이 만수 씨의 눈까지는 이르지 못했다. 졸지에 책을 잡힌 평산댁은 더는 목소리를 높이지 못하고 만수 씨 뒤를 졸졸 따라다니며 통사정을 했다. 하지만 만수 씨는 못들은 척 꽁무니를 빼서 평산댁의 애를 태웠다.

만수 씨의 행동이 다시 빨라졌다. 창고에서 가져온 펜치를 들고 우사로 들어가 소의 코뚜레를 잡았다. 놀란 소가 눈을 동그랗게 뜨고 뒷걸음질을 쳤다. 사정을 알아차린 평산댁이 만수 씨를 대신해 두 손으로 코뚜레를 잡았다. 순간 소의 커다란 눈이 하얗게 뒤집혔다. 그는 소의 목에 걸린 워낭 뭉치를 펜치로 잘라 떼어냈다. 소는 갑자기 워낭소리가 나지 않은 게 이상한지 혀를 길게 빼 코를 후비며 거푸 머리를 흔들었다.

소를 앞세우고 대문을 나섰다. 문단속을 마친 평산댁이 조용히 뒤를 따랐다. 초소에는 아직도 별다른 움직임이 없었다. 초소에 다시 근무자가 나오고 검문이 시작된다 해도 걱정할 건 없었다. 금광으로 가는 길은 초소와는 반대 방향이기에. 생래적으로 밤길을 두려워하는 소도, 소를 앞장세운 두 사람도 발자국 소리가 발 근처에서만 돌도록 보폭을 좁혔다. 그 때문인지 여덟 개의 발이 내딛는 각각의 소리가 오직 두 개의 발에서만 나는 것처럼 조화롭게 겹쳤다.

달빛에 드러난 마을 풍경은 찍은 지 오래된 흑백사진 같았다. 길은 길대로 텅 빈 논밭과 들판은 그것들대로, 첩첩한 산은 산대로 자기만의 독특한 색감과 모양을 드러내며 자기 존재를 알렸다. 만수 씨는 손전등을 준비했지만 부러 켜지 않았다. 지금은 세상의 모든 시선으로부터 자유로워야한다. 전등을 켜면 발부리를 괴롭히는 너설을 효과적으로 피할 수 있지만 그러나 그것 좀 편하자고 밤에도 눈을 부라리고 있는 여차의 시선들로부터 눈총을 받기는 싫었다.

마을 안길을 벗어나 양편으로 밭을 낀 농로로 접어들었다. 동네 사람들의 시선을 받지 않고 마을을 빠져나온 것 같아 적이 안심되었다. 만수 씨는 자꾸만 뒤처지는 평산댁의 뭉툭한 그림자를 곁눈으로 살피면서 자주 걸음을 늦추었다. 그걸 모를 리 없는 평산댁이 그때마다 다정한 어투로 말을 붙였다.

누가 보면 영락없이 피란민인 줄 알겠어요.

사실 피란민이지 뭐. 난리를 피해서 가는 거니까.

하긴, 근데 이렇게 가도 뒤탈이 없을지….

무거운 침묵이 흘렀다.

설마 이 삐쩍 마른 팔목에 수갑이야 채우겠어? 지들도 심장에 피가 돌고 있을 텐데.

평산댁이 탄식을 섞어 길게 한숨을 내쉬었다. 소도 제 얘기인 걸 아는지 귀를 쫑긋 세웠다.

4년 전, 아들의 목숨 값을 받아 장례를 치르고 남은 돈 천만 원이 있었다. 그 중 칠백은 넋이 나가 몸을 가누지 못하는 며느리 손에 쥐어주고 나머지는 손자가 집에 오면 타고 놀던 장난감 트럭 짐칸에 넣어두었다. 아들을 앞세웠다는 자책에 몸도 마음도 팽개치고 오직 방안에서만 구르던 어느 날 이른 아침이었다. 방에서 냉동 새우처럼 몸을 말고 누워 있던 만수 씨는 문득 싸리문 안으로 들어서는 순종이를 보았다. 아들은 커다란 암소 한 마리를 이끌고 막 마당으로 들어서고 있었는데, 엄동설한에 맨발에다 반바지 차림이었다. 만수 씨는 방바닥을 박차고 마당으로 날아 아들을 품에 안았다. 안긴 순종이가 아버지, 죄송해요! 하고 흐느꼈다. 만수 씨도 오냐, 내 새끼, 하고 두 손으로 아들의 뺨을 어루만졌다. 그런데 바로 그 순간 순종이의 단단한 몸이 연기처럼 풀어지더니 감쪽같이 시야에서 사라졌다. 만수 씨는 그대로 마당에 무너졌다. 비손하듯 무릎을 꿇고 낮게 엎드렸다. 한동안 늑대의 울음 같은 흐느낌이 집안 가득 처연하게 흘렀다.

만수 씨는 한참만에야 마당의 흙냄새를 맡았다. 아무 때고 오목가슴을 치받고 올라 정신을 혼미하게 헤집던 가시와 혹들이 갑자기 어디론가 사라진 느낌이 들면서 눈이 밝아지고 정신이 맑아졌다. 이래서는 안 되겠다 싶었다. 무릎에 힘을 주고 일어섰다. 꿈에 그리던 순종이가 불쑥 자신을 찾아와 품을 파고 운 것은 다 그만한 이유가 있을 것이라 여겼다. 그는 다음날 아침 손자의 장난감 트럭에 넣어두었던 돈을 들고 집을 나섰다. 읍내 우시장으로 가 아직 코뚜레가 어색한 암소 한 마리를 샀다. 만수 씨는 생각했다. 이 소를 밑천삼아 피붙이 손자를 반듯하게 키우자. 비록 아비는 가고 없으나 그 빈자리가 드러나지 않게 정성을 다해 뒷바라지를 하자. 그러자면 돈이 필요하고 그 자금은 이 암소가 마련해줄 것이다. 그날 붉게 번지는 노을빛을 온 몸으로 거스르며 함께 집으로 들어온 소가 지금 함께 달빛 속을 걷고 있는 이놈이었다.

농로를 벗어나 오르막길로 접어들었다. 잠시 울창한 소나무 숲길로 들었다가 빠져나와 본격적인 가풀막을 숨차게 걸어 올랐다. 멀리 왼쪽 눈썹 방향으로 가오리재가 어슴푸레 보였다. 이제 조금만 더 임도를 따라 오르면 정면 눈썹 높이에 마치 어부를 보고 놀란 명태 모양으로 입을 하 벌린 금광이 나온다.

금광은 일제 강점기에 금을 캐기 위해 개발한 진짜 금광이었다. 그걸 개발해서 금을 얼마나 캐냈는지 정확한 내용을 아는 사람은 일본인 사장뿐이어서, 거기서 남포를 터뜨리고 굴을 뚫었던 만수 씨의 큰할아버지도 자세한 내용은 알지 못했다. 다만 굴의 길이가 어찌나 긴지 마지막까지 가면 물살 거센 칠산 바다와 만나게 된다는 말이 있었다. 그러나 지금 금광은 입구에서 150걸음 정도면 돌무더기에 가로막혀 더 이상 들어갈 수가 없다. 6.25때 퇴각하던 북한군이 금광으로 도망쳤다는 정보에 따라 군경이 수색에 들어갔다가 별다른 수확이 없자 굴에다 수류탄을 던져 아예 출구를 막아버렸던 것이다.

어쨌거나 전쟁이 끝났고, 그 혼란한 시기에 태어난 만수 씨가 청년으로 자라면서 전쟁의 상흔은 차츰 희미해졌다. 시간의 흐름에 따라 금광의 용도 또한 달라졌다. 금광은 이제 근방 청춘 남녀들이 은밀하게 찾아와 사랑을 나누는 데이트 명소가 된 것이다. 위치상 쉬 눈에 띄지 않을 뿐만 아니라, 겨울에는 따뜻하고 여름에는 시원해서 두 사람이 마음 놓고 정을 나눠도 되는 최적의 장소. 당시 낮과 밤을 가리지 않고 금광을 찾는 커플들이 많아서 그때의 재미난 노래가 지금까지도 구전되고 있다. 만수 씨는 지금도 그 노래를 토씨 하나 틀리지 않고 온전하게 부를 수 있다. 혹시 이용시간이 겹쳐서 커플들끼리 금광 안에서 민망하게 마주칠까봐 누군가가 꾀를 내서 불렀다가 유행한 노래.

-금광산 찾아가자 일만 이천 봉 볼수록 아름답고 신기하구나…

굴 입구에 도착한 커플이 굴에 대고 목젖이 떨어질 정도로 이 노래를 부르면, 먼저 입장해서 사랑을 나누던 남녀는 즉시 동작을 멈추고 들려온 노래를 메아리로 돌려주면 되는 방식. 사실 좀 부끄러운 이야기지만, 먼저 보낸 순종이도 결혼식을 달포쯤 앞두고 그런 절차를 밟아 금광에서 만든 아들이었다.

아이고, 이 여자 주둥이에서 김 쏟아지는 것 좀 봐요. 기차 화통이 따로 없네.

도무지 쉴 기미를 보이지 않자, 평산댁이 소 핑계를 댔다. 그러잖아도 자꾸 뒤처지는 아내의 거친 숨소리를 들으며 쉬어갈 자리를 가늠하고 있던 만수 씨는 군말 않고 고삐를 채 소를 세웠다. 그리고 길옆 둔덕에다 지게를 부린 다음 작대기를 건네받아 단단하게 받쳤다. 소는 생논에서 쟁기질을 하다온 것처럼 연신 더운 김을 내뿜으며 헐떡였다. 만삭의 몸이니 그럴 수밖에 없을 것이었다. 만수 씨는 소 등에 덮어 시태질해둔 이불을 앞에서부터 걷어 반으로 접었다. 등과 이불에서 동시에 더운 김이 솟아올랐다.

보시오, 쉬길 잘 했지.

겹겹으로 걸쳤던 옷을 두 겹이나 벗어서 지게 짐에 보탠 평산댁은 소보다 더 숨을 헐떡거리면서도 할 말은 다했다.

두 사람은 돌아서서 자신들이 걸어온 임도를 내려다보았다. 왕산 마을은 물론 수산과 평산리의 밤 풍경이 한눈에 들어왔다. 세 동네는 처음부터 계획적으로 삼각형을 그린 다음 그 꼭짓점을 하나씩 차지해서 마을을 꾸린 것처럼 경계가 분명했다. 그중 불빛이 제일 초라한 곳은 왕산이었다. 왕산도 전쟁이 터지기 전에는 100가구가 넘는 제법 규모가 있는 동네였다. 하지만 듬성듬성 끄먹거리는 불빛이 말해주듯 지금은 가구 수가 예전의 절반에도 미치지 못했다. 그것은 근방에서 유독 왕산만이 전쟁의 내상을 처참하게 입은 탓이었다.

다시 걸음을 재촉했다. 길이 평탄하게 이어지자 시야가 트였다. 수년 째 경작하지 않아 잡풀로 뒤덮인 밭들이 가오리재 턱밑까지 이어졌다.

오른편으로 눈에 익은 산소가 보였다. 맨 위에는 두 개의 봉분이 짝을 지어 자리하고 한 칸 아래로 내려서면 한 개의 봉분이 한편으로 치우쳐 자리했다. 다시 칸을 내려서면 그마저도 없다가 마지막 칸에 이르면 다시 한 개의 봉분이 있다. 짝도 아귀도 맞지 않아서인지 뭔가 불편한 느낌을 주는 선산. 맨 아래 쪽 묘를 힐끔거리던 평산댁이 만수 씨 지게에 대고 한마디 했다.

당신도 설에 봤겠지만, 우리 순종이 분에는 지금도 떼가 잘 자라지 않으니 뭔 속인지 모르겠어요. 새순 오르기 시작하면 일꾼 붙여서 다시 입히든가 해야지, 원.

만수 씨는 듣고도 부러 못들 척 헛기침을 내면서 선산 쪽으로 고개를 돌렸다. 처음에는 맨 밑 아들의 묘를 바라보다가 이내 두 번째 칸의 분으로 눈길을 올렸다. 순간 만수 씨의 입에서 어머니, 하는 소리가 새났다. 그 소리는 너무 오래도록 가슴 안에 머무른 탓인지 마지막 '니'가 입 밖으로 완전히 나가지 못했다. 그러다 들숨을 따라 다시 폐부로 되돌아 간 어머니의 -니.

마침내 금광 입구에 다다른 만수 씨는 걸음을 멈추고 노래를 흥얼거리기 시작했다. 금광산 찾아가자 일만 이천 봉… 평산댁이 짚고 있던 작대기로 만수 씨 엉덩이에 질러대며 까르르 웃었다. 너무 정신없이 웃다 그만 괄약근을 놓쳐 방귀도 붕붕 연달아 서너 방을 날렸다.

저쪽에서 답가가 없는 걸 보니 아무도 없는 모양이구먼.

아이고, 그거야 옛날 옛적 이야기지요. 요새 누가 여기까지 와서 연애를 해요.

웃음을 겨우 수습한 평산댁이 숨을 거칠게 몰아쉬며 대꾸했다.
애들이 멋이 없어서 그래. 숨어서 슬쩍슬쩍 하는 맛이 얼마나 좋은데.
내가 못 살아! 당신만 좋았나 보네요, 당신만!
평산댁이 다시 만수 씨 엉덩이를 작대기로 질렀다.
금광은 입구부터 칠흑처럼 어두웠다. 선뜻 들어가지 못하고 머뭇거리는 소를 뒤로 돌린 만수 씨는 손전등 불빛을 앞세워 안으로 들어갔다. 불빛의 움직임 때문인지 굴은 마치 거대한 환형동물의 뱃속 같았다. 그럼에도 그의 걸음걸이는 여유가 있었다. 안으로 들어갈수록 포근한 느낌이 감싸듯 밀려왔다. 막은 창에 다다르기 전 매끈한 돌침대 같은 넓은 너럭바위가 불빛에 들어오자 걸음을 멈추었다. 만수 씨는 평산댁에게 고삐를 넘겨주고 기마자세로 지게를 내렸다. 지게가 넘어지지 않게 벽에 바짝 붙여 기댄 다음, 줄을 풀어 꾸러미를 차례로 바닥에다 내렸다. 그 사이 평산댁은 손전등으로 주위를 꼼꼼히 살폈다.
옛날 그대로네요. 변한 게 없어요.
왜 없어, 우리가 이렇게 늙었잖아.
하긴 여긴 예나 지금이나 그대론데 우리만 이렇게 쭈그렁이가 되어서 왔네요. 근데 당신이 오후에 미리 사다놨다는 물건은 어디 있어요?
평산댁이 여기저기에 불빛을 비춰대며 물었다. 만수 씨가 짐을 부리다말고 구석으로 들어가 박스 하나를 들고 왔다. 평산댁은 십자로 묶어진 끈을 풀고 안에 것들을 꺼냈다. 초코파이, 바나나우유, 캔 참치, 단팥빵, 소주, 새우깡, 종이컵…. 맨 마지막에 양초가 나왔다. 평산댁이 양초를 지휘봉처럼 흔들며 목소리를 높였다.
아주 점방을 통째 털어 왔구먼요. 이건 뭐 피난이 아니라 소풍이네 소풍. 그리고 기왕에 사올 거면 나 좋아하는 환타랑 크림빵도 좀 사오지 딱 자기 입에 붙는 것만 골랐을까, 섭섭하게.
만수 씨는 주머니에서 라이터를 꺼내 건네면서, 임자가 같이 올 줄은 몰랐다고 말꼬리를 흐렸다. 평산댁은 양초에 불을 붙여 소가 있는 곳에 하나, 그리고 너럭바위 구석에다 하나를 배치하고 손전등을 껐다. 촛불 덕분에 한결 안온한 느낌이 들었다. 만수 씨는 비료포대에 꼭꼭 눌러 담아온 건초를 퍼서 소가 누울 자리를 만들어준 다음 너럭바위 위에 야외용 돗자리를 깔았다. 그 위에다 솜이불 두 장을 겹쳐서 폈다. 소 등에 덮었던 허드레 이불은 혹시 몰라 소 옆에 둘둘 말아두었다.

정리를 끝내고 두 사람은 소주 한 병을 나눠 마셨다. 그리고는 얼른 이불속으로 들어가 나란히 몸을 뉘었다. 발끝에서 올라온 선뜻한 기운에 진저리를 쳤지만 시간이 흐르자 점차 적응이 되었다. 만수 씨가 오른팔을 뻗어 내밀자 평산댁이 머리를 들어 베개로 삼았다.

이렇게 있으니 세상 좋네요. 소 걱정도 사라지고 집보다 포근하고….

굴 안은 웃풍이 없는 방처럼 추위가 전혀 느껴지지 않았다.

만수 씨는 한겨울에도 기온이 영하 4도 이하로 내려가야 몇 시간이나마 보일러를 돌렸다. 아들 순종이가 첫 봉급을 받아 놔준 보일러였고 가득 채운 기름통이었기에, 그날 아들이 18층 호텔 벽에 매달려 유리를 닦을 때의 온도가 영하 4도였기에, 그렇게 보낸 아들을 두고 어떻게 집안에서 마음 편히 보일러를 돌릴 수가 있느냐는 만수 씨의 불호령에 한겨울에도 보일러를 돌리는 일이 거의 없었던 탓이다.

그러게, 딴 세상에 온 것 같네. 이참에 그냥 여기서 살까?

그것도 괜찮겠어요.

두 사람이 도란도란 나누는 말소리에 맞춰 촛불이 가볍게 흔들렸다. 평산댁이 만수 씨를 바라보며 그윽한 목소리로 물었다.

당신 생각나요? 옛날에 저기다 촛불 켜놓고 나한테 한 말?

만수 씨가 기억이 나지 않는다는 듯 눈을 껌벅거렸다.

당신이 내 손을 꼬옥 잡고 그랬어요. 명심아, 나는 촛불을 엄청 존경한다. 왜냐하면 저 촛불은 자신을 완전히 태우고 녹여서 세상을 밝히거든. 나도 지금부터는 나를 완전히 태워서 오직 명심이 너만을 위한 정열적인 촛불이 되어 불란다.

　내가 맨 정신에 그런 낯 뜨거운 소리를 했단 말이여?

　그랬다니까. 그러면서 기술 좋은 쓰리꾼처럼 손을 스윽 집어넣었잖아요. 나는 그때 이 오빠가 뭔 촛불을 브라자 속에다 킨다는 건가하고 생각하다가 그만 정신을 놓았지만서두.

　에이, 아무려면 왕산 일류 신사였던 내가 삼류 난봉꾼처럼 그랬을 라고.

　비싼 밥 먹고 내가 없는 소리를 할까. 그래도 그때가 참 좋은 시절이었는데…. 얼굴 탱탱하고 몸매도 제법 날씬했고. 근데 따지고 보면 지금 내가 이렇게 동그랗게 된 건 다 당신 때문이우. 당신이 낮에는 밥을 주고 밤에는 사랑을 듬뿍 주니까, 그거 다 먹다보니 이렇게 된 거지요. 그래도 이만하면 아직 동글동글 이뿌잖우, 흐흥….

　평산댁의 애교에 만수 씨의 이가 하얗게 드러났다. 만수 씨는 몸을 안쪽으로 반쯤 돌리면서 놀고 있는 손을 아내의 허리춤에 보내 겹겹의 옷을 헤치었다. 갑자기 배꼽 아래 맨살로 차가운 손이 불쑥 당도하자 평산댁은 놀라 소스라쳤다. 하지만 이미 들어온 손을 차마 매정하게 찰싹 때려 떨어낼 수가 없어 가만히 배를 당겨 손길을 터주었다. 힘을 얻은 만수 씨의 손가락이 수풀을 찾는 왕거미처럼 스멀스멀 아래로 기어 내렸다. 평산댁은 눈을 지그시 감고 고인 침을 꿀꺽 삼켰다. 저편에 앉아 되새김질을 하고 있던 소가 문득 오물거리던 입을 멈추고 두 사람의 행동을 내내 흘겨보았다.

　입구로부터 동전 크기의 여명이 희미하게 들어왔다. 만수 씨는 평산댁이 더 잘 수 있도록 살며시 일어나 이불 단속을 해주고는 손전등을 찾아 켰다. 소가 무겁게 몸을 일으켰다. 아직도 워낭소리가 울리지 않는 것이 거슬리는지 자꾸 머리를 흔들었다. 만수 씨는 소가 머리를 흔드는 모양새만 보고도 저게 기뻐서 저러는지 신경질이 나서 그러는지 진드기나 파리 때문에 겨드랑이가 근질거려서 그러는지 알 수 있었다. 같이 보낸 지난 4년 동안 만수 씨와 소 사이에는 서로의 마음속을 무시로 드나들 수 있는 교통로가 만들어진 것이다. 소는 농사철이면 쟁기질과 써레질은 물론이고 수레도 도맡아 끌며 일손을 도왔다. 그러면서 낳은 새끼 두 마리는 철수 통장으로 들어가 지금도 조금씩 자라고 있다. 소가 경제적인 도움만을 안긴 것은 아니었다. 만수 씨는 소야말로 세상에 존재하는 모든 생명 중에 인간에게 가장 순하고 착하며 이로운 존재라고 생각했다. 그래서 가슴에 분이 들끓거나 나쁜 생각이 들 때면 우사로 들어가 소의 커다란 눈을 들여다보곤 했다. 소의 눈은 세상에서 가장 이로운 것들만 들어와 반짝이는 느낌이 들었으므로 가만히 들여다보는 것만으로도 들끓는 마음이 진정되었던 것이다.

  만수 씨는 소 주위를 돌며 산통의 조짐이 있는지 살핀 다음 꼬리를 치켜들고 전등을 비춰서 샅의 모양새를 관찰했다. 티나게 부어 있지만 그래도 아직은 괜찮은 것 같았다. 사료를 꺼내 빈 포대 위에 쏟아주었다. 물도 먹여야 해서 가져온 플라스틱 물통을 들고 굴 입구를 향해 걸었다. 밖으로 나오니 눈이 부셨다. 안이 어두워서 그렇지 해는 벌써 중천에 떠 있었다. 만수 씨는 가오리재로 내려가다 중간에 가지를 친 소로를 따라 옹달샘이 있는 계곡으로 갔다. 솟는 물이라 한겨울에도 얼어붙는 예가 별로 없는 샘이었지만, 지난주의 강추위에는 방법이 없었는지 물은 두꺼운 얼음을 이불삼아 안으로만 졸졸 흐르고 있었다. 그는 돌로 눈석임 가장자리를 깨고 물통이 찰랑거리도록 물을 떠서 굴로 돌아왔다. 소는 사료를 깨끗이 먹어 치우고 물이 오기를 기다리며 연신 혀로 코를 후비고 있었다. 소가 물통의 물을 반쯤 들이켰을 때 평산댁도 자리에서 일어나 눈을 비볐다. 만수 씨로부터 10시가 넘었다는 말을 들은 평산댁은 거짓말 말라며 인상을 팩 쓰고는 다시 누워 이불을 얼굴 위까지 덮어썼다. 만수 씨는 평산댁의 표정과 행동에서 신혼 때의 아내 모습을 떠올리고는 피식 웃음을 흘렸다. 그는 단팥빵 하나를 먹고 바나나우유를 반 병 정도 비운 다음 평산댁 옆에 조심스럽게 누웠다.

  굴 안은 명(明)과 암(暗)이 서로 뒤엉켜 육탄전을 벌이는 모습이었다. 굴로 들어서려는 명과 지키려는 암이 뒤엉켜 누가 명이고 암인지 구별 자체가 안 되었다. 그것들은 너 어둠이지 또는 너 밝음이지 하고 섣불리 손가락을 들이댈 수 없을 만큼 뒤섞여, 그저 기운의 흐름에 따라 밀고 당기며 서로 지쳐가는 중이었다.

만수 씨는 눈을 감았다. 그러자 자신의 머리 위로 검은 장막이 내려와 씌어졌다. 어디선가 발자국 소리가 들려왔다. 터벅터벅. 그리고 이내 어떤 사내가 가까이에서 이렇게 속삭였다. 준비해라! 그 목소리는 구레나룻이 턱 전체를 감싸고 있는 입에서 나왔으리라 추측이 될 만큼 거칠고 투박했는데 그래도 귀에 익은 목소리였다. 어쨌거나 그 말이 끝나기가 무섭게 만수 씨는 밑이 보이지 않는 우물 속으로 사정없이 내동댕이쳐졌다. 추락의 속도가 엄청났다. 이대로 가다가는 물에 다다르기도 전에 살점이 모두 떨어져나가고 뼈만 곤두박질칠 것 같았다. 그래서 그는 마침내 물에 풍덩 도착한 순간 제일 먼저 자신의 몸부터 살피고 만졌다. 그런데 이런 일도 있을까. 그는 자신의 몸이 사실은 들깨 씨눈보다도 더 작은 알갱이로 변해 있다는 것을 알아차렸다. 그는 자신이 살아있다는 사실에 안도하며 아무려면 어떠냐고 스스로를 위로했다. 물은 따스했고 공기도 맑아 호흡이 편안했다. 도착해서 수영에 재미를 붙이고 있을 때 이번에는 부드럽고 달콤한 여자의 음성이 들려왔다. 어서 오너라, 여기가 네가 자랄 집이란다. 들깨 씨눈보다 작은 만수 씨는 거기서 몸피를 키워가며 아홉 달을 놀고먹었다. 아홉 달 내내 주로 수영을 하고 놀았다.

그러던 어느 날 잠결에 전쟁이 터졌다는 소식을 들었다. 얼마 지나지 않아 자신을 샘에 던졌던 구레나룻 사내가 마을로 들이닥친 사람들에게 끌려갔다는 소식이 들려왔다. 사내의 부친이 경찰이어서 그런다고 했다. 사내는 어디로 갔는지 아무도 알지 못했다. 그 일로 만수 씨를 먹여주고 재워주던 여자는 제정신이 아니었다. 때문에 만수 씨도 더 이상 한가롭게 수영을 할 수가 없었다. 그가 고개만 돌리면 그녀의 오장육부가 한눈에 다 들어왔는데, 사내가 끌려가기 전까지는 선홍색으로 빛나며 화기애애했던 그것들이 사내가 사라진 이후부터 점점 흑색으로 변해가더니 어느 주변은 이미 까맣게 타들어가고 있었다. 만수 씨는 그게 애가 타서 그런다는 것을 그때는 알지 못했다.

그 사이 편이 두 번이나 갈렸다. 편이 갈릴 때마다 마을 사람들은 저쪽 치하에서 어떻게 살아남았는지를 신랄하게 추궁 받았다. 그러던 어느 날 해질 무렵, 여자는 어떤 건장한 사람들로부터 팽나무 그늘로 모이라는 지시를 받고 마을 입구로 갔다. 가서보니 동네 사람들이 모두 거기에 모여 있었다. 그래봐야 이제 성인 남자들은 몇 없고 스스로 걸음을 떼기도 힘겨운 노인들과 부녀자, 그리고 코흘리개 아이들뿐이었다. 총을 든 사람들은 동네 사람들의 손을 뒤로 돌려 단단히 묶어가며 인원 파악을 했다. 그러고는 묶인 손들을 다시 굵고 긴 줄 하나에 굴비를 엮듯 연결해서 강가로 끌고 갔다. 강가에는 갈수기 때 쓰려고 파 놓은 커다란 방죽이 있었다. 물이 가득 차면 사람 키의 두 배쯤 되는 깊이였다. 가을걷이가 끝난 방죽에는 물이 절반쯤 차 있었다. 줄에 엮인 사람들은 방죽을 등에 지고 에둘러 섰다. 마침내 어둠 속에서 강력하게 날아온 군화가 맨 끝에 선 노인네의 가슴팍에 족적을 남겼다. 노인의 몸이 낙엽처럼 팽그르르 돌며 방죽으로 날았다. 그가 날자 엮인 순서에 따라 차례로 사람들이 탄력을 받은 도미노처럼 떨어져 내렸다. 맨 마지막으로 여자도 몸을 뒤틀며 뒤로 날았다. 방죽은 아비규환이었다. 손이 묶인 그들은 소금을 맞은 미꾸라지처럼 발버둥을 쳤다. 그러나 곧 잠잠해졌다. 방죽 위로 빈 가마니 여러 장이 던져졌고 그 위로 강모래가 쏟아졌다. 여자는 잠시 정신을 놓았다가 눈을 떴다. 그건 아마도 무서워진 만수가 안에서 울며 워낙 발길질을 세게 해대는 바람에 놀라 눈을 떴는지도 모른다. 여자는 뒤로 묶인 자신의 손이 누군가의 머리를 짓누르고 있는 덕분에 물 위에 떠 있다는 것을 알았다. 여자는 너무 무서워 팔에 힘을 풀었다. 그래도 몸이 물에 닿지 않았다. 여자는 여러 개의 머리가 자신의 무거운 몸을 지탱하며 견디고 있다는 것을 알았다. 숨도 그런대로 쉴 수 있었다. 그런 것으로 보아 틀림없이 거꾸로 박힌 누군가가 여자를 위해 다리를 뻗어 가마니를 쳐올리는 바지랑대 역할을 하고 있는 것 같았다. 여자는 거기서 영원보다 긴 밤을 보냈다. 나중에 가마니 아래에서 여자를 발견한 이웃마을 사람들 말로는 그 사이 나흘 밤낮이 흘렀다고 했다.

만수 씨는 여자가 방죽에서 나온 지 닷새 만에 여자의 몸에서 죽을힘을 다해 빠져나왔다. 여자의 하문을 빠져나와 기진맥진해 있는 만수 씨에게 여자는 갈라지고 부르터 피가 비치는 입술을 달싹거려 이렇게 말했다.

-아들아, 너는 앞으로 방죽에서 너를 위해 머리를 내주고 다리를 뻗어준 사람들을 생각하면서 사람답게 살아야한다.

꿈결인가 싶은 거리에서 오토바이 엔진소리가 들려왔다. 눈을 뜬 만수 씨는 고개를 들어 사방을 둘러보았다. 금광 안의 밝기로 보아 아직도 명과 암 중 완전한 승자는 없는 것 같았다. 그는 상체를 일으켜 자세를 고쳐 앉은 다음 다시 주위를 둘러보았다. 잠깐 눈을 붙인 것 같은데 실제로는 깊은 잠에 빠졌던 것 같다. 평산댁이 일어나 나간 것도 모르고 주검처럼 잤으니까 말이다. 소는 커다란 눈을 껌벅거리면서 환한 빛이 쏟아져 들어오는 입구 쪽을 응시하고 있었다. 만수 씨가 소가 보고 있는 방향을 좇아 고개를 돌려보니 작달막한 키에 배흘림기둥처럼 몸통 쪽이 발달한 여자가 두 손을 홰홰 저으며 막 굴 입구로 들어서고 있었다. 마치 화장실이 급해서 무작정 굴 안으로 뛰어든 여자처럼 바쁜 걸음걸이가 어딘지 불안해 보였다. 밝은 곳에서 있다가 갑자기 들어온 터라 어두운 실내에 바로 적응을 못한 평산댁은 만수 씨를 코앞에 두고도 보지 못하고 고개를 빼 두리번거렸다.

여기야. 당신 멀리서 보니까 꼭 뒤가 급한 펭귄 같구먼.

만수 씨가 그렇게 말하고, 밖이 찬데 어디를 갔다 오느냐고 물었다. 그제야 평산댁이 손으로 입구 쪽을 가리키며 말을 심하게 더듬었다.

저 밑에 이, 이장이….

평산댁의 말이 끝나기도 전에 건장한 체구 하나가 입구로 들어섰다. 당황한 만수 씨가 자리에서 엉거주춤 일어서려는 순간 갑자기 굴 안이 우렁우렁 울렸다.

형님! 만수 형님! 저 이장입니다. 안에 계십니까?

만수 씨는 일어서서 기어들어가는 목소리로 여기네, 하고 손을 들었다. 숨을 헐떡이는 이장을 이불 위에 앉힌 만수 씨는 대체 여긴 어찌 알고 왔느냐고 물었다. 넉살 좋은 이장은 제 눈은 척하면 삼천리를 본다며 재재거렸다.

형님이 가게에서 다량의 비상식량을 구매하셨다는 정보를 접한 순간 제가 바로 무릎을 쳤습죠. 그렇다면 금광으로 가신 거다. 사실 우리 동네에서 은밀하게 갈 곳이 여기밖에 더 있습니까? 그래서 가게 오토바이 빌려 타고 단숨에 달려왔습니다.

용하구먼. 그래, 아래 사정은 어떤가?

만수 씨가 구석에서 소주병과 컵을 챙기면서 물었다.

오전에 평화농장 소 108마리 살 처분해서 농장 후사면 임야에다 매장 완료했습니다.

이장은 손사래를 치며 잔을 사양하다가 재차 권하자 받아들었다. 평산댁이 새우깡 봉지를 내밀었다. 잔을 들어 살짝 입술을 축인 이장이 얼굴을 찌푸리며 다시 말을 이었다.

말씀 마십시오. 생지옥도 저런 지옥이 없습니다. 수의사가 주사기를 목에 들이댈 때마다 거짓말처럼 그 큰 소들이 퍽퍽 나가떨어지는데…. 참말로 이건 어휴, 말도 마세요. 특히 젖먹이 송아지 달린 소들은 차마 눈을 뜨고 볼 수가 없어요.

아니, 왜 그렇게 멀쩡한 소와 새끼까지 모조리 죽여야 하지?

나라 정책이 그러는 걸 어떡하겠습니까.

이장이 비운 잔을 뿌리쳐서 만수 씨에게 권했다.

그나저나 집행한 수의사는 지금 반쯤 넋이 나가 있어요. 점심 먹다 토하더니 지금은 차에서 훌쩍이고 있지요. 하긴 자기 손으로 그 많은 소를 죽였으니 그럴 만도 하지요. 그 여자가 울면서 그럽디다. 생명을 살리려고 수의사가 되었는데 이렇게 무참히 죽이는 일을 하고 있다고요.

만수 씨는 무슨 말인가를 하려다 말고 고개를 돌려 소를 바라보았다. 소는 아까부터 몸을 비틀며 주변을 서성거렸다. 뒷발을 들어 털기도 하고 목을 높게 쳐들어 흔들기도 했다.
만수 씨가 잔을 받아들고 물었다.
그 죽이는 약은 충분히 확보하고 있던가? 저번에 테레비에서 보니 약이 떨어져서 멀쩡히 살아있는 것들을 구덩이에 던져 넣고 흙을 덮어 생매장을 시키던데.
만수 씨의 손이 떨렸다.
그래서는 절대 안 되지요. 그것들도 다 소중한 생명인데. 약은 충분하다고 들었습니다.
이장이 두 사람의 눈치를 살피며 쭈뼛거렸다. 잔을 비운 만수 씨가 새우깡 하나를 집어 입에 넣었다. 뜸을 들이던 이장이 조심스럽게 말을 이었다.
어쨌든 이제 오후에는 우리 차렙니다. 우리 왕산은 딱 40마리에요. 형님네 소까지 포함해서.
그때까지 고개를 숙이고 묵묵히 두 사람의 말을 경청하고 있던 평산댁이 목을 빳빳하게 세우고 불쑥 끼어들었다.
아제, 아제도 우리 소가 어떤 소인지 잘 알지요?
아유, 형수님, 제가 왜 그걸 모르겠습니까. 그래서 저도 답답하고 안타까워 이렇게 달려온 것 아닙니까.
안다면 우리 소 좀 살려줘요. 부탁이오, 응, 아제.
평산댁이 이장의 손을 잡아 흔들었다. 이장은 난감한 표정으로 허공을 응시했고 만수 씨는 시선을 떨군 채 종이컵만 만지작거렸다. 다시 입을 연 것은 평산댁이었다.
내 새끼나 다름없는 소이기는 해도 저 놈이 병에 걸렸다면 나도 두말 않고 고삐 내줄 것이오. 근데 저렇게 건강하고 더구나 오늘이나 내일쯤에는 새끼를 날 소인데 저걸 어떻게 죽인단 말이오?
세 사람의 시선이 일제히 소에게로 쏠렸다. 소는 지금 자신의 생사에 대한 이야기를 하고 있다는 걸 알기라도 하는 듯 몸을 더욱 불편하게 비틀며 안절부절못했다. 그러다 낮고 음울하기 그지없는 울음을 안으로 삼키기 시작했다.

문득 만수 씨의 눈이 소의 커다란 눈과 마주쳤다. 순간 만수 씨가 자리에서 벌떡 일어나 소에게로 갔다. 전등을 켜서 소의 눈을 비춰본 다음 소 뒤편으로 가서 꼬리를 쳐들어 샅에 불빛을 비췄다. 부어 있는 샅에서 분비물이 흘러내리는 게 보였다. 양이 많아졌다. 갑자기 소의 상체가 무너지듯 앞으로 쏠렸다. 소는 무릎을 꿇어 쓰러지듯 자리에 누웠다. 소가 앞발로 허공을 헛디디며 배에 힘을 주었다.

좀 도와주게!

만수 씨가 다급하게 소리쳤다. 이장이 불쑥 일어섰다.

얼마나 지났을까, 양수가 터진 샅에서 앙증맞은 발톱 두 쌍이 삐죽하게 나오는 게 보였다. 숨바꼭질을 하듯 살짝 코도 보였다. 하지만 거기까지였다. 안간힘을 썼지만 더 이상 진전이 없었다.

초산 때도 쑥쑥 잘 낳던 애가 오늘은 왜 이렇게 힘들어하지요?

평산댁이 만수 씨를 바라보며 걱정했다.

소가 영물이잖아. 방금 우리가 한 말 다 알아들었겠지.

만수 씨가 혼잣말처럼 중얼거렸다.

소는 겨우 자리에서 일어나 두어 바퀴 돈 다음 다시 무너지듯 자리에 누웠다. 다시 진통이 시작되었다. 배에 힘이 들어갔고 다시 앞다리가 보였다. 만수 씨와 이장이 잽싸게 달려들어 다리를 잡았다. 두 사람은 소가 힘을 쓰는 순간에 맞춰 다리를 힘껏 잡아당겼다. 그러기를 수차례, 마침내 커다란 덩어리가 바닥으로 와락 쏟아져 내렸다.

아이고, 이거 갈수록 금상첨화구만!

이장은 '태산'이 들어가야 할 자리에 '금상첨화'를 넣고도 당당하게 혀를 찼다. 소는 비스듬히 누운 채로 새끼의 몸을 핥기 시작했다. 송아지는 아직 고개도 가누지 못하면서 일어서려고 버둥거렸다.

그때 휴대폰 벨이 울렸다. 이장이 전화기를 들고 돌아섰다. 통화는 간단했다. 이장이 쭈뼛거리며 만수 씨 옆으로 다가섰다.

형님, 저 내려가야겠습니다. 가서 담당관님께 형님네 사정을 이야기해보겠습니다. 그러잖아도 오면서 하긴 했는데, 형평성의 문제로 분쟁이 발생하면 일이 복잡해진다고 난색을 표해서 말이죠.

동네 사람들은 다들 내 사정 알지 않은가. 그러니 자네가 잘 좀 설득해주소.

만수 씨의 당부에 이장이 허리를 굽혔다.

알겠습니다. 제가 내려가서 담당관님과 허심탄회한 문답을 나눠서 좋은 결과가 있도록 하겠습니다.

이장이 돌아섰다. 만수 씨는 지금 자신이 하고 싶은 말을 다 해야겠다고 생각했다. 그래서 걸어 나가는 이장을 불러 세웠다.

혹시 말일세, 고통스러운 결정이 난다해도 나는 우리 소를 쓰레기처럼 구덩이에 던져 넣지는 않을 작정이네. 죽여도 내가 죽여서 저 아래 우리 선산 말석 빈자리 양지바른 곳에 묻을 작정이야. 자네도 그 점은 알고 가소.

마치 못을 박듯 카랑카랑 말을 잇는 만수 씨의 태도에 이장은 연신 손으로 머리를 긁적이며 뭉그적대다가 허둥지둥 굴을 빠져 나갔다.

만수 씨는 해산의 흔적들을 정리하고 송아지를 위해 허드레 이불을 펴주었다. 그 사이 송아지는 수수막대 같은 부실한 다리 네 개를 부들거리며 일어서는 연습을 했다. 서너 번 주둥이를 땅에 처박거나 고꾸라진 끝에 드디어 엉성하게 버티고 서는 데 성공했다. 마침 빵을 한 입 베어 물고 우물거리다 그 모습을 지켜보던 평산댁이 빵가루를 폭죽처럼 뿜어내며 박수를 쳤다. 부들거리며 필사적으로 버티는 새끼를 어미가 혀로 핥아 칭찬했다.

만수 씨와 평산댁은 굴을 빠져나와 가오리재로 내려갔다. 여기까지 와서 산소에 들르지 않으면 사람의 도리가 아니라는 평산댁의 훈수에 만수 씨는 군소리 없이 따라나섰다. 산소에 이른 두 사람은 선산 제일 위 조부조모에게로 가서 절 두 자리를 정성껏 올렸다. 그리고 두 번째 칸으로 내려와 어머니에게도 절을 올렸다. 만수 씨가 어머니 분을 돌며 마른 잡초를 손으로 뽑는 사이 평산댁은 자신이 묻힐 세 번째 칸을 질러내려 네 번째 칸으로 내려왔다. 다른 봉분과 달리 잔디가 듬성듬성 자라 곳곳에 흙이 그대로 드러난 아들의 묘를 바라보는 평산댁의 눈에 물기가 비쳤다. 평산댁은 허리를 굽혀 분에 손을 짚고는 나무라듯 조용히 말했다.

너 밤마다 나와서 이렇게 애먼 잔디 쥐어뜯지 말고 이제는 편히 쉬어라. 철수 애미도 마음 편하게 보내주고. 애미가 떠나던 날 울면서 그러더라. 참말로 죄송하다고. 그게 뭔 뜻이겠냐. 그 말 안에 그 아이 썩어 문드러진 속살이 다 들어 있지. 그래서 나도 그랬다. 어디 가서든 아프지 말고 몸 건강히 잘 살라고….

아마 평산댁이 거기까지 말했을 것이다.

그때 마을 쪽에서 뭔가 수상한 소리가 들려왔다. 평산댁은 허리를 펴고 고개를 돌렸다. 임도를 따라 지프 한 대가 먼지를 일으키며 달려오고 있었고, 그 뒤로 손을 감춘 포클레인 두 대가 바짝 따라붙고 있었다. 뒤늦게 확인한 만수 씨가 허둥거리며 아래로 내려왔다. 평산댁은 사시나무처럼 부들거리며 손을 내졌다가 바닥에 철퍼덕 주저앉았다. 왕산 골짜기를 무질러온 칼바람이 만수 씨와 평산댁의 목덜미를 서늘하게 긋고 금광을 향해 내달렸다.

몽글몽글 피어오른 흙먼지가 손에 잡힐 듯 가까워졌다.

오을식-약력

무안에서 태어남. 고려대 국문과 졸업. 1993년 <自由文學> 소설부문 신인상 등림. 제31회 한국소설문학상, 제8회 자유문학상, 제3회 현진건문학상 수상. 소설집 <비련사 가는 길> 외. 현재 자유문학회 회장.

〈소 설〉
데미안의 부활
채지민

친애하는 싱클레어

　자네 옆자리에 누워 있던 내 모습이 보이지 않는다는 이유로, 자네는 아마 내가 심한 부상에 의해 죽었으리라 생각했을 거야. '부활의 꿈'이라는 현실적 상황을 끝내 이해하지 못했던 까닭이겠지. 자살자의 꿈속에서도 실제적인 자살이란 없다는 것을, 자네가 아직 받아들이지 못하고 있기 때문이리라 짐작되네.
　생은 살아 있는 자들의 것이며, 죽어간 이들의 흔적이나 유산에 의해 좌우되는 건, 살아 있는 대지의 생명에 대한 중대한 모독이 된다는 사실을 이젠 받아들여 줄 수 있기를 바라네.
　지금 내가 있는 곳을 자네에게 얘기할 순 없어. 단지 생의 마지막 호흡을 가다듬어야 하는 입장에 선 상황에서, 자네에게 내 마지막 언어를 이렇게 편지라는 형식으로 기록해 두고 싶다는 마음이 들었을 뿐이야.

솔직히 자네가 지금 어디에 있는지, 아직까지도 이 땅 위에 생존하고 있는지에 대해선 개인적인 관점에서 확신이 서지 않아. 하지만 이렇게 지내오는 동안 가장 많은 추억과 의미를 남겨 준 젊은 시절의 자네에게 나의 마지막 언어를 남겨두고 싶다는 생각이 드는 내 입장을 이해해 주길 바라고, 그런 나를 자네의 영혼으로 기억해 주길 바라네.

우리의 대지 위를 치유할 수 없는 불바다와 잿더미로 황폐화시켰던 대륙의 전쟁 당시, 나는 부상이 심했던 탓에 인근 대도시의 종합병원으로 밤새 후송되었지. 연이어진 합병증으로 인해, 다시 일어설 수 있기까진 2년이라는 세월을 필요로 했고, 퇴원 이후 요양을 겸해 어머니 곁을 떠나 긴 여행길에 오르게 되었어.

그 여행이 계기가 돼서 나의 조국 독일 땅을 다시 밟지 못한 채, 내 인생을 지금까지 타지에 머무르며 보내게 된 거야. 여긴 아시아 대륙 깊은 지역에 위치한 조그만 사원(寺院)이라네.

참으로 많은 것을 두 눈으로 직접 바라보며 느끼고 싶어, 끊임없는 여행의 발걸음을 계속 옮겨가면서 지냈지. 숨 막히는 포화 속의 유럽 지역을 일단 벗어나 인도에서 몇 년, 중국의 여러 사찰에서 몇 년, 아프리카의 뜨거운 공기 속에서 또한 남미의 토속 신앙촌 등지에서 그들과 함께 지내는 몇 년씩의 삶을 이어갔던 거야.

피부색과 언어가 다르고, 삶의 현장 문화가 제각기인 그들과 어울려 지내는 동안, 나는 너무도 많은 생존의 의미를 깨달을 수가 있었어. 존재의 의미를 깨닫기 위해 노력하는 인간은, 이 땅 어디에서나 소리 없는 최선의 노력을 스스로 경주하고 있다는 사실 말이야.

가장 기억에 남는 일은, 중국 티베트 지역의 인적조차 없던 깊은 사찰에서의 일이었지. 한 고승(高僧)과 마주앉아 며칠 동안 대화를 나눈 적이 있었어. 처음부터 끝까지 단 한마디의 언어도 사용하지 않은 채로, 단지 마주보는 시선 하나에 의견을 담아 대화를 나누었던 거야.

계속되는 질문과 대답이 눈빛 하나로 전달되고 전해져 오는 체험을, 나는 내 생애에서 처음으로 경험할 수 있었어. 서로의 언어를 몰랐기 때문에 말하지 않았다는 게 아니라, 서로가 입을 열어 보일 필요마저 느끼지 못했다는 이유 때문이었지. 그는 내게 깊은 생의 소중한 가르침을 깨우쳐 주고 또한 일깨워 주었어. 몇 년 후 아시아로 여행을 오신 어머니께도 그 분과 대화 나눌 수 있는 시간을 만들어 드렸지. 물론 눈빛만으로 말이야.

생명과 생존의 근본적 가치 표현이 '언어'라는 부차적인 요소에 지배되면서부터, 그 본질을 잃어가고 있다는 중요한 가르침을 그 분에게서 얻어낼 수 있었어. 너무도 쉽게 즉흥적 표현이 가능한 언어를 사용하며 모든 본질의 의미를 피상적으로 규정지으려 한다는, 인류의 자기 피탈성(避脫性)의 근본적 문제를 깨닫게 된 것이지.

내면의 소리에 귀 기울이기보다는, 생존하는 존재의 본질을 손쉬운 음성과 몸짓만으로 포장해버리려는 인간의 연약한 자기 도피의 과정 – 그것이 인류의 역사를 굴절시켜 놓은 근본 원인이 아닐까 하는 생각이 들어. 또한 그러한 내 생각이 정답이 아닐까 사려가 되고 있네.

인도에 잠시 머무르고 있을 때도 비슷한 경험을 한 적이 있었지. 많은 사람들이 따르는 고행자(苦行者)가 있었어. 깡마른 몸집에 독특한 분위기를 자아내는 복장으로 사원 한가운데 앉아 며칠이고 움직임 없이 앉아 있던 사람이었는데, 이유를 모르겠지만 수많은 이들이 그에게 큰절을 올리며 모여들기 시작했던 거야.

부근에 숙소를 정하고 있던 나는 창문을 통해, 며칠간이나 주의 깊게 그를 관찰해 보았지. 날이 갈수록 그의 앞에는 기름진 음식과

향료, 갖가지 재물들이 쌓여졌고, 그 와중에도 미동조차 하지 않은 그는 아무런 흔들림 없이 처음의 자세를 그대로 지키고만 있었어.

　일주일 정도가 지났다고 생각될 때, 나는 그에게로 다가가서 가까이 선 채로 그를 바라다보았지. 무엇을 위한 고행인가를 찾아내고 또한 묻고 싶었던 거야. 모든 정신을 집중하여 그의 영혼에게 질문을 던져 보았어. 당신이 찾고 지향하는 세계는 무엇이며, 왜 찾아야만 하는 것인가를.

　낯선 백인 남자가 그의 앞에 선 것을 사람들은 경계와 호기심의 눈초리로 쳐다보며 모여들었고, 잠시 후 그에게서 최초의 움직임이 확연하게 느껴졌어. 고개를 좌우로 저었던 거야. 그러고 나서 오랜 시간 감고 있던 눈을 천천히 뜨며 나를 바라보았어.

　그가 시각장애라는 사실을 비로소 알게 되어 얼마간의 놀라움이 있었지. 하지만 그는 오른편에 서 있던 내게로 정확히 시선을 돌리고 나서, 두 손바닥을 하늘을 향해 수평으로 펴들다가 힘없이 바닥에 내려놓더군. 그리고 자리에서 일어나 거동이 불편한 몸짓으로 뒤돌아서는 모습을 남기고선, 내게서 한 걸음씩 멀어져 갔어.

　떠나가는 그의 뒷모습에서, 나는 그가 얘기하고자 했던 의미를 알아낼 수 있었지. 그는 깨달음을 얻고자 고행했던 것이 아니라, '깨달음의 세계'라는 테두리에서 벗어나고자 갈등하는 역(逆)고행에 몰입했던 거야. 결국 그것에 실패하고 나서, 그는 자기 자신을 털어내고 내버릴 수 있는 새로운 미지의 곳을 향해 떠나가 버린 것이지.

　자기에게로의 몰입과 자신으로부터의 이탈이라는 이율배반적 갈등 속에 삶을 지탱해 온 그의 생애를 의미 깊게 되돌아보면서, 어리둥절해 하는 사람들의 시선을 뒤로하며 나도 내 자리로 돌아올 수밖에 없었어.

　그런 모습과 마찬가지로, 참으로 많은 사람들이 깨달음의 상승과

정을 위해 헌신하고 있다는 모습을 전 세계에서 보아왔지만, 나는 미리 주어져 있는 자의적 한계를 통찰하지 못하는 우울한 그림자만을 그들에게서 발견하고 바라볼 수밖에 없었어.

왜냐하면 그들은 아직도 옛 선인들이 인위적으로 분리해 놓은 절반의 세계 속에서, '생'이라는 구조를 찾으려 노력하는 우(愚)를 범하고 있었기 때문이야. 이미 깨달음을 얻어낸 자는 금지된 세계를 인식하고 조율해낼 수 있지만, 깨닫기 위해 지금 자리에서 일어서려는 자들은 금지된 절반의 현상을 스스로의 영혼으로부터 개방해 두어야 한다는 단순 법칙을 애써 거부하고 있다는 것이지.

깨닫기 위한 필수 과정은 선(善)에 몰입하는 것이 아니라, 선지자(先知者)라는 이들이 작위적으로 금지시켜 놓은 악(惡)을 통찰하고 자기의 것으로 받아들여야만 한다는 점을 아직도 이 세상은 힘겹게 외면하고 있는 현실이야. 성인(聖人)으로 인류에게 추앙 받고 있는 많은 이들이 탕아의 젊음기를 겪으며 보냈다는 불멸의 사실을, 자네는 잘 알고 또한 기억하고 있을 테지.

한쪽으로만 몰고 가려는 인류의 정신사 구도로는, 다람쥐 쳇바퀴 같은 좁은 공간 속을 돌고 도는 악순환만 지속될 뿐이야. 불 보듯 뻔한 과오의 쳇바퀴를 돌지 않기 위해선, 거시적인 손길로 다람쥐 집의 문틀을 열어 주어야 해. 그래야 보편적으로 진실한 세상을 향해, 앞으로 달려갈 수 있는 것이지. 자의적 해석으로 집 밖의 세계는 모두 위험하고 금지된 곳이라는 규정을, 서툴게 인류 모두에게 뒤집어 씌워놓을 필요가 없다는 거야.

이 땅, 우리의 대지 전체를 흰색의 천으로 덮어놓으려는 불순한 시도는 영원히 실패로 끝날 수밖에 없어. 밝은 대낮이 있으면 까맣게 어두운 밤도 있다는 점을 있는 그대로 인정해야 하루 24시간이라는 개념이 성립되듯이, 흰색 천 하나만으로 모든 색을 덮어씌우려는 노력은 덮어놓지 않았을 때보다 더욱 얼룩지고 탈색되는 우를 범하게 될 거야. 순백의 빛깔은 단지 수많은 색상 중 하나라는 당연한 진리를 깨달을 수 있을 때까지는 말이야.

모든 인류의 역사에서 존재의 사유에 대해 행해진 철학자들의 탐구라는 것은, 결과적으로 인간의 순수 본질을 인위적으로 왜곡시킨 부조화를 재생산시키기만 했어. 그것은 참다운 인간성 본연에 대한 죄악을 저지른 결과만 낳았을 뿐이야.

오류와 궤변으로 점철된 기성 사고에 빠져 있기보다는, 개개인의 직관력을 키워 갈 수 있는 생명의 자유가 우리에겐 필요해. 있는 그대로를 직시할 수 있는 시야, 다시 말해 흰색이면 흰색, 검은색이면 검은색이라 자연스레 바라보고 얘기할 수 있는 투명한 사고의 자유가 선행되어야 한다는, 끝없이 강조해도 모자람 없을 것이 바로 그 점을 의미하는 거야.

전쟁에 직면하기 전에 이루어졌던 자네와의 재회 이후, 많은 대화를 나누지 못한 채 전쟁의 포화를 맞이하고 이별해야 했기에 우리의 젊은 시절에 대한 추억담을 주고받을 수 없었다는 점이 못내 아쉽네. 자네로 인해 내가 움직였고, 나로 인해 자네가 바뀐 부분도 많았다는 걸 지금도 잊고 지내는 건 아냐.

자네에게 전해 주지 못했던 후일담도 제법 많이 남겨져 있지. 예를 들어 크로머에 대한 얘기 같은 거 말이야. 기억나겠지? '크로머'라는 존재. 싱클레어 자네의 순수하고 여리기만 했던 영혼의 그릇을 최초로 깨버렸던 파격의 그림자로 자네 생을 끝까지 따라다녔을, 그 치졸한 악마의 형상을 얘기하는 거야.

자네는 내가 크로머에게 어떤 물리적인 폭력이나, 강압적인 협박을 했을지 모를 거라고 궁금해 하겠지. 스스로를 억눌러오던 억압의 틀에서 너무도 쉽게 벗어나게 되었기에, 자네는 그때의 일을 안도의 한숨과 함께 잊어버리고 지냈을지도 몰라.

당시의 내가 그에게 한 행동은 가장 단순한 일이었어. 그가 자주 머무르곤 하던 허름한 폐가(廢家)로 찾아가, 똑바로 마주서서 아무런 언급 없이 그의 눈동자를 뚫어지게 쳐다본 것이지. 영혼의 양심을 악마에게 저당 잡힌 대부분의 인간들이 그러하듯, 그 역시도 불안감에 어쩔 줄 몰라하면서 내 시선을 애써 피해 갔어. 눈길을 피하지 말고 있는 그대로의 현실을 얘기해 보자고 단도직입적으로 강조했던 것이 내가 했던 행동의 전부야.

그는 왜 자신을 괴롭히려 하느냐고 묻더군. 난 개인적으로 웃음이 터지려는 걸 참으려고 무척이나 애를 썼었어. 그의 말대로 본다면, 내가 그를 괴롭혔다는 것은 단지 두 눈을 쳐다보았다는 것뿐인데, 그렇게 단순한 행위만으로도 그 인간은 자신의 전(全)존재의 영혼에 괴롭힘을 받아버린 거야. 당시 그가 내게 거짓말을 하거나 과장된 허상을 떠벌리려 했던 것은 없었으니까 말이야.

그때 나는 내가 하고자 했던 얘기의 핵심을 꺼냈지. 지금 이 순간부터 누군가에게 정신적으로 피해를 입히는 언행을 하게 된다면 가만히 두지 않겠다고. 내 이름은 데미안이고, 자네의 귀로 내 이름을 다시 듣게 되는 날에는 진정한 괴롭힘이 무엇인가를 실질적으로 보여 주고 말겠다고.

부들부들 떨며 뒷걸음질 치는 그의 두 눈을 다시 한 번 노려보면서, 내 갈 길로 돌아간 것이 그날 내가 행했던 행동의 전부야. 타인에게 약점을 잡힌 인간은 또 다시 똑같은 과오를 저지를 수가 없는 일이거든. 최소한 자신이 두려워하는 그 존재 앞에서는 말이야. 그날 이후로 자네 앞에 그 인간은 다시 나타나지 않았을 거야. 설령 나타났다 하더라도 스스로의 내적 흔들림에 의해, 소리 없이 자네 앞에서 자취를 감추어 버리고 말았을 테지.

이 세상에 우연이라는 것은 없어. 존재하는 현실 모두는 이미 정해지고 주어져 있는 필연 속에서 움직이고 있는 거야. 갑자기 하늘에서 떨어져 내리는 것처럼, 기대 없이 이루어지는 일 따위는 없는 거지. 흔하게 널려 있는 갖가지 색상의 복권에 당첨되기를 바라는 것처럼, 요행의 인생에 의지하며 살아가야 하는 인간이 되어선 안되는 거야.

존재하는 모든 것에는 공개되지 않은 필연이 내재되어 있어. 자네가 고등학교 시절 내게서 받아보았던 쪽지가 기억날 거야. 나의 의지는 이미 자네와 연결되어 있었고, 나는 그 메모 한 장을 건네 주어야 할 필연을 느끼고 있던 와중이었어. 자네의 혼란스러운 영혼의 방황을 잡아 줄 의무를 내가 느끼고 있었던 거지.

왜냐하면 우리 인식의 제단에 자네를 이끌었던 것은 나였고, 그 제단에 자네의 영혼이 오래 전부터 지배되고 있다는 사실을 나는 실감으로 접하고 있었던 거야. 벗어나기엔 이미 너무 늦어버렸다는 걸 인지하면서도, 벗어나려 남모르게 애를 쓰는 그러한 내적 모순의 갈등기 - 나는 자네의 당시 상황을 이해할 수 있었기에, 내 동료를 통해 그 메모를 싱클레어 자네에게 전달했어.

자네가 그걸 펼쳐 읽고 나서, 그 내용의 의미를 이해하든 무시해버리든 간에 그건 부차적인 문제였지. 그걸 받아들이지 못하는 영혼의 그릇이라면, 자네의 생은 이미 우리의 제단에서 완전히 벗어나버린 길로 접어들었다는 점을 공인받게 되는 기회였으니까 말이야.

다행히도 자네는 단순한 그 메모 한 장에 의해, 지워내려 애쓰던 자기 표적의 의미를 보다 확실하게 되살리게 되었어. 지우려 애를 써도 지워질 수가 없는 영혼의 표적이라는 것을, 자네 스스로가 절실하게 인식하게 된 거야. 새가 알을 깨고 나오려는 의미를, 비로소 스스로의 상황에 의해 깨닫게 된 것이었지.

당시 나는 자네에게 단지 하나의 물음표만을 글로 적어 제시해 본 것뿐이었는데, 자네에게선 커다란 느낌표가 인생의 답장으로 만들어져 내게 전해져 왔던 거야. 진정으로 내가 기뻐했다는 점을 이 글을 통해 솔직하게 고백해 두고 싶네. 이후 자네 생활의 틀에 획기적인 변환점이 등장했다는 동인(動因)을 선물해 주었다는 것만으로도 나는 만족했고, 자기 자신의 변환을 이루어낸 자네가 나는 늘 자랑스러웠지.

선과 악을 포용하는, 우리가 아는 우리 신의 이름은 시대와 조류에 따라 어떠한 호칭으로 불린다 해도 상관이 없어. 하지만 인류가 지속되는 한, 그 신의 존재는 영원히 실재할 것이라는 점을 간과하거나 잊어서는 안 돼.

선만이 존재하는 세계는 없는 거야. 또한 악만이 살아남고 활개치는 세계도 없는 것이지. 어떠한 세상이라 해도 서로 다른 종류의 풀뿌리가 언제나 함께 자생적으로 성장하고 있다는 점을 두 눈 감고 인위적으로 거부한다면, 결국은 자기 자신의 현 존재마저 거부하고 마는 우울한 결과를 낳을 뿐이야.

생명이 있다면 죽음이라는 현상도 같은 시간 속에 공존하고 있다는 걸 인정하는 인류가, 왜 선과 악을 동시적으로 긍정하는 우리의 신을 애써 부정하고만 있는지를 나는 이해할 수가 없어. 그들 자신이 선과 악을 조율해 내지도 못하는 반쪽짜리 인생을 살고 있으면서, 왜 두 개의 세계를 인정하고 받아들이려는 노력은 하지 않고 있는 것일까.

그것이 바로 인류가 유사 이래 끊임없이 반복해온 과오의 역사이며, 자기당착이 순환되는 전철(前轍)의 과정이라고 나는 생각하네. 스스로 선과 악을 구별 짓지도 못하는 혼돈 속에 생존하면서도, 타인들이나 자식들에게는 선의 우월성만을 강요하는 자기모순 같은 것 말이야. 삶은 이상향이 아니라 현실 그 자체인 거야.

우리의 하루하루는 한 호흡, 한 걸음마다 현실 속에 발을 딛고 있는 것이란 사실을 망각해 버리면서, 어딘가에 있을 것 같은 막연

한 허상만을 찾아 헤매는 과오의 반복 - 인간과 인류의 비극은 거기에서부터 잉태되기 시작하는 것이지. 인정할 것은 과감하게 생존의 이름으로 인정해야 하는데, 허망한 자존심과 자만심으로 인류의 흐름을 그르치고 있는 것이 피할 수 없는 지금의 현실인 거야.

영혼에 깊이 곪아 있는 상처가 있다는 걸 긍정하기만 하면, 치유될 방법은 쉽게 제시될 수가 있어. 마치 파산이 나버린 자본가가 자신의 파산을 감추기 위해, 헤아릴 수도 없는 대출자금을 끌어들이며 전전긍긍하는 생을 살고 있는 모습과도 같은 것이 지금 인류의 현주소인 거야. 파산이 났다면 그것을 과감히 인정하고 선언할 용기가 우리에겐 필요해. 그렇다면 비겁한 빚쟁이 보단, 솔직한 채무자가 박수를 받게 되겠지. 인류의 현 상황도 마찬가지라네.

스스로의 자기합리화와 자기당착의 악순환을 깨버리는 용기를 가진 이들이 지금은 없어. 특히 지식층이라고 자칭하는 부류에게서 더욱 심하게 작용하고 있지. 생의 예외자가 될 것이라는 기대가 가능했을 만큼 투철한 정신으로 현실에 부딪치며 공부했던 자들이, 자신의 기득권을 획득한 후에는 그것의 굴절된 응용과 부의 재확대를 위해 변절되어버리는 현상을 솔직히 우리는 너무나도 많이 보아 왔잖아.

정신적인 연령이 10대이든 20대이든, 아니면 최후의 순간을 지향하는 시간에 다다랐든 그건 상관없는 일이라네. 정신적 연령과 육체적 연령은 인간 의지의 관념에 의해 구분될 수 있는 거야. 나는 나 개인적인 정신 연령을 30대 후반에다 결정지어 놓았고, 아직까지도 그 연령층의 인식 속에 존재하고 있다는 점을 언급해 두고 싶네.

사람들은 시간의 흐름에 맞춰가며, 자신의 나이를 계산하려는 자연 법칙적 속성에 묻어나고 있어. 영원히 같은 모습으로 되돌아오는 '생명에의 의지'를 망각하는 순간부터 관념적인 나이가 시작된다는, 중요한 그 사실을 잊고 잊어버리려 하는 것이지.

　3살의 나이라 해도 인생의 모든 의미를 깨우칠 수 있고, 60의 연륜이라 해도 혼미한 안개 속에 머무를 수 있는 게 현실인데도 말이야. 단지 부모라는 이유로, 나이가 많다는 이유만으로 그 어린 동심의 순수철학에 '유아'의 관점을 대입시켜, 어린 철학의 관점을 어머니 젖가슴에 머무르게 하는 것이 손쉽게 저지르는 어른들의 섣부른 과오인 거야.

　자네도 익히 느껴 보았을 테지. 한 인간으로서 생존해 오던 그 수많은 순간순간들이 그때마다 가장 어려웠고, 나름대로의 깊은 의미를 지니고 있었다는 점을 말이야. 인간에게는 어느 순간이든 어렵지 않은 상황이라는 건 없는 거라네. 하나의 벽돌이 모이고 모여 거대한 건축물을 이루어내듯, 한 인간의 생애를 완성 짓는 길은 하나씩의 역경과 인내를 벽돌처럼 쌓아가는 과정과 같은 것이지.

　단번에 세워지는 건물이란 건 없어. 성급한 환상에 빠져 요행이나 기적을 바라고 있는 허망한 자기 존재의 도피 과정이, 너무도 크게 우리 주변에 뿌리를 내리고 있다는 게 지금의 현실인 거야. 선대(先代)와 후대로 연결되는 인류 역사에 하나의 사슬고리로써의 역할을 해내려 하기 보단, 허상의 바벨탑만 쌓으려 발버둥치는 현 인류의 흐름은 종국에 이르러 파멸의 결말을 남기고 사라져 버릴지도 몰라.

　한두 사람의 일탈적 언행의 흐름이라면 별반의 문제가 되지 않겠지만, 지금 전체 인류의 가슴 속엔 크고 작은 소모적 환상이 한 조각씩 심어져 있다는 게 엄연한 사실이야. 인류가 이미 진작 깨버렸어야 할 암적인 정신적 종양이 이젠 걷잡을 수 없을 만큼 세포 배양을 확대해 가고 있지. 이미 늦어버렸다고 단언할 수 있을 만큼 그 증상은 심각한 것이라네.

　하지만 그것을 인식하고 지적하려는 선지자도, 아니라고 고개 저으며 단호하게 거부할 수 있는 이들도 이젠 그 숫자를 줄여가고 있어. 인류의 정신세계를 통찰하고 치료해야 할 의무를 지닌 지식인들조차, 조금씩 마약과도 같은 그 현실에 적응되어가며 아무런 대안을 제시하지 못하고 있는 거지.

　이러한 흐름의 결말은 끔찍한 것이라네. 아무도 예상치 못했던 파국으로 치달을 내일이 다가오고 있다는 것, 자네는 그 결말의 끔찍한 형상이 벌써 보이지 않는가?

　아……, 아쉽게도 싱클레어, 내게 남겨져 있는 시간이 이젠 거의 사라져 가는 것 같군. 남겨둔 영원의 시간을 향해 나를 준비해야 하는 시점에 결국 이르러 버린 것 같네. 얼마나 많은 내용을 여기에 이어 적을 수 있을지는 모르겠지만, 자네에게 꼭 전해 주고 싶어 펜을 들었던 그 부분부터 불가피하게 먼저 언급을 해야겠어.

　살아오는 동안 내가 행해 왔고 행하려 노력해 온 과업이었는데, 정말 아쉽게도 나는 다음 생에서 그것을 계속 이어가야 할 것 같기에, 일단 중요한 이 임무와 의무를 자네에게 건네주고 부탁해야 한다고 믿고 싶네. 바로 우리의 모든 인류가 함께 움직이고 실천해야 할 당면 과제이고, 더 이상 미루고 있을 수 없는 인간의 현실적 문제인 거야. 내 영혼의 언어로 풀어놓았던 기록을 우선 여기에 첨부해야겠네.

　그리고 이젠 나를 정리해 보겠네. 내가 걸어온 길을 자네가 이어줄 수 있다면, 나의 인생은 생명의 본질 그 자체를 영위하며 살았노라고 담담하게 얘기할 수 있을 것 같다네. 완성된 한 편의 문장으로 적어놓으려다가 건강 상태 때문에 시작에서부터 멈춰서야만 했던, 그 메모를 먼저 여기에 삽입해놓고 나의 마지막 언어를 기록해야겠네. 이제…… 그 길을 내 얘기하기로 하지.

최후의 혁명 - 인간 혁명을 위하여

혼자서도 능히 할 수 있는 일이었다면, 그 누군가 벌써 해냈을 것이다. 아무런 도움 없이도 쉽게 이루어질 일이었다면, 이미 오래전에 참다운 역사는 시작되었을 것이다.

허나 그런 것이 아니었다. 그렇게 쉽게 이루어지는 일이 아니었다. 길을 걷다가 무심코 뒤를 돌아보듯, 몇 개의 동전을 넣어 통화하듯, 차 한 잔 시키고 마시듯, 흔한 공식을 외우고 누군가의 이름을 불러 보듯 그렇게 쉽게 할 수 있는 일이었다면, 그 누군가 이미 이루어 냈을 것이다.

혼자 할 수 있는 일이 아니었다. 신이 아닌 인간이었기에 혼자 할 수는 없는 일이었다. 그러기에 역사는 흐르고 있었지만, 참다운 역사는 얼어붙은 채로 움직일 수가 없었던 것이다. 유사이래 일어났던 그 수많은 종류의 혁명과 정변(政變)과 같이 소수의 인원으로도 모든 게 가능한 일이었다면, 우리는 이미 수천 번을 반복할 수도 있었다. 어렵게 어렵게 법과 제도를 재정비하듯이, 그렇게라도 바꿀 수 있는 것이었다면 누군가는 벌써 바꿔놓았을 것이다.

사랑을 하듯, 이별을 하듯, 태어나듯, 죽어가듯이 살다 보면 누구에게나 존재하는 그런 것이었다면, 얼어붙은 참다운 역사는 그렇게 눈물 흘리지는 않았을 것이다. 허기지면 식사를 하듯, 졸음이 오면 잠에 들듯, 기다리다 보면 전화벨이 울리듯, 기다리기만 하면 밤이 오고 아침이 오듯이 그냥 기다리기만 하면 해결되는 문제였다면, 머리까지 얼어버린 인류의 참역사는 그렇게 추위에 떨며 괴로워하지는 않았을 것이다.

그런 것이 아니었다. 시간을 헤아리며 기다리기만 하면 이루어지는 게 아니었던 것이다. 그 잠들어버린 역사를 인식하는 이들은 외로웠다. 고난의 십자가를 홀로 짊어지고도 한 발자국도 움직이지 못한 채로, 아무도 모르는 시간 속에 말없이 쓰러져 가기만 했다.

단 몇 사람만으로도 들 수 있는 것이었다면 벌써 들어 올렸을 것이다. 그런 것이 아니었다. 한두 사람으로는 될 수가 없는, 생명을 가진 모든 이들이 함께 들고 일어서야 가까스로 들어 올려지는, 그렇게 엄청나게 크고 무거운 십자가였던 것이다.

인식할 순 있었지만 인식으로 끝낼 수밖에 없었다. 해야 한다는 것도 알고 있었지만 이룰 방법이 없었던 것이다. 기다리는 수밖에 없었다. 누군가 들겠지. 우리 후대에 누군가 들어 올리겠지……. 되겠지. 언젠가는 되겠지. 인류가 계속된다면 언젠가는 이뤄지겠지. 그러하겠지…….

그러나 진정으로 기다림에 지친 지성이라면, 인식의 괴로운 몸부림에 아파하는 통찰이 남겨져 있다면, 참다운 역사를 녹여내고 부활시킬 세대를 키워내겠다는 결의가 결집되어진다면 바로 지금 일어서야 하는 것이다.

정치의 혁명이 아니다. 산업의 혁명도 아니고 종교의 개혁만도 아니다. 인간의 혁명이 있어야 한다. 바로 인간 본연의 근본부터의 개혁이 있어야 한다. 더 이상 미루고 있을 순 없는 기다림의, 인내의, 침묵의 한계에 인류는 맞닿아 있는 것이다.

누군가를 원치 말고 지금 일어서야 한다. 언젠가를 기다리지 말고 지금 일어나야 한다. 한두 명이 아닌 우리 모두가 함께 일어서야 하는 것이다. 더 이상의 기다림과 인내와 침묵은 회피이며 도피이며 합리화라는 것을 깨달아야 한다. 진정 깨달아야 한다. 인간이 얼마나 더렵혀졌는가를, 인간이 얼마나 고립되어 가는가를, 참다운 인간은 어디로 갔는가를 이제 우리는 깨달아야 한다.

참생명의 낙원을 잃어버렸다는, 바로 실낙원의 고통이 얼마나 큰 것인가를 인식해야 한다. 지옥을 통찰하지 못하는 한, 실낙원의 고통을 인식하는 것은 불가능하다. 낙원을 잃어버린 인간이 얼마나

비참하게 이어져 왔는가를 이제는 모두가 통감하여야 한다.

　인식하였던 선각자들은 괴로우리만큼 행복하였다. 허나 인식을 펼 수가 없었다. 혼자선 아무것도 해낼 수 없는 그런 일이었기에.

　이젠 우리 모두가 선각자가 되어야 한다. 아니, 각자(覺者)가 되어야만 한다. 이젠 일어서야 한다. 묵은 때는 벗겨버려야 한다. 그냥 씻기만 하면 되는 게 아니다. 육신이 깨끗해지는 것으로 쉽게 만족해 버려선 안 될 일이다.

　갯벌의 질펀한 모래톱에서 진주를 발견하듯이 허물을 벗어 던지는 신성한 의식, 그 속에서 '참생명의 인간'이라는 소중한 의미를 발견해야 한다. 종교적 의미의 에덴동산만을 꿈꾸고 있을 때가 아니다. 실낙원의 고통을 괴로워하며 머무르진 말아야 한다. 이젠 우리 모든 인류가 함께 하는 거다. 이젠 해야만 하는 것이다.

　그렇다면…… 현 시대의 우리 모두에게 주어지고 남겨지는 절대명령의 의무는 무엇인가?

　싱클레어.

　자네에게 던져 주는 이 화두(話頭)는 그 해결책을 자네와 나 그리고 우리 모두가 함께 토의하며 찾아내고자 하는, 단지 작은 암시에 불과하다네. 이 몇 줄의 언어를 출발점으로 하여 우리가 지향해야 할 '참인간의 세계'가 과연 무엇을 의미하는 건가를 생각할 수 있는, 그러한 인식의 언어가 끊임없이 이어지기를 진심으로 바라는 마음이야.

　자네와 내가 이러한 문제를 제시하였다고 해도, 아직까지 인식의 그림자마저 손에 잡지 못하고 깨닫지 못하는 시대라면 이런 움직임 역시 비판의 표적일 뿐이요, 참인간을 운운하는 이단의 언어로 낙인찍힐 것이며, 그렇게 배척받으며 사장(死藏)되어 버리고 말 운명이겠지.

그러나 여기에서 분명히 밝혀 적어야 할 문제는 지금 우리가 가장 무서워해야 할 대상은 힘이나 권력이 아니라, 침묵 속에 눈치만 보는 소시민이 아니라 바로 우리 다음 세대의 역사가, 바로 그들이라는 사실이야.

옛 현인들의 고백과도 같이, 인간의 부귀영화는 한 줌의 흙으로 돌아가 버리고 남는 건 발자취뿐인 것처럼, 후대의 역사가들이 우리를 어떻게 평가 내릴 것인가를 두려워해야 하는 거지. 아무것도 이루어 놓은 것 없이, 역사와 인간에 대해 오점과 후퇴만을 남기고 사라져 간 사람들로 기록되는 것을 두려워해야 된다네.

어제의 그릇된 진실이 지금 밝혀지고 있듯이, 현재 우리들의 삶에 대한 진실 또한 오늘 밝혀질 수 있는 게 아니지. 역사란 후손에게 빌려 쓰는 것일 뿐, 조상의 과오를 되풀이하라고 주어진 게 아닌 사실을 싱클레어 자네는 명심해야 할 거야.

오늘이 인류의 마지막 날은 아니기에 생명이 남아 있다면 역사는 영원히 지속되는 것이고, 뜨거운 피가 흐르고 있다면 이 역사 또한 끝까지 뜨겁게 흘러가야 하는 것이지. 지금 우리는 우리의 뜨거웠던 피가 차갑게, 차갑게만 식어가고 있다는 사실을 모르고 있어. 육신의 체온이 정상임을 자랑스러워할 게 아니야. 우리 영혼의 체온은 과연 몇 도를 가리키고 있을까를 진지하게 생각해 봐야 한다는 점이야.

생각하는 시대, 인식하는 시대가 지나가고 있어. 정말 간절히 바라는 심정은 그 누군가 단 한 사람씩이라도 우리의 참다운 의미를 동감해 줄 수 있는 이들이 생겨나 거대한 조류, 거역할 수 없는 인식과 인간 개혁의 폭풍으로 함께 불어 닥쳐 주길 기원하는 마음이야.

우리에게 가장 무서운 것은 '나 하나쯤이야' 하는 자기합리화라네. 인류가 천만이든 수십억에 다다르든 간에, '나 하나쯤이야'라는 자기당착의 합리화가 결국 인간의 생존과 미래를 그르치게 만들고 있다는 현실을 이젠 **뼈저리게** 느껴야 하는 거야.

생은 살아 있는 자들의 것이며, 살아가려는 의지의 소유이며, 진정으로 살아가고 있는 자들에게만 간직될 수 있는 점유물이라는 사실을 모든 이들에게 뿌리내릴 수 있도록, 자네의 노력과 정열을 나는 진심으로 부탁해 보겠네.

누군가 앞에 나서야 한다면, 누군가 십자가를 짊어져야 한다면, 그것을 거부하지 않을 선각자들이 많은 숫자로 탄생되었으면 하는 바람이네. 총탄이 빗발치는 전장에서 일신의 안위를 위하기보단, 스스로의 용기로 '돌격, 앞으로!'를 외칠 수 있는 그러한 정신으로 말이야.

'할까 말까' 갈등하는 것보단, '그래, 이젠 해 보는 거야!' 하며 스스로의 껍질을 벗어낼 수 있는, 자기 아집에서의 탈피를 이뤄낼 수 있는 결단, 우리에게 필요한 건 바로 그것뿐이지. 머무름과 자기 도피는 역사와 인류에게 저지르는 죄악이라네.

여기에 그 말을 언급해 두고 싶군. 금세기에 들어 우리 민족으로부터 크나큰 상처와 피해를 입었던 유대인, 그들의 성지인 '통곡의 벽'에 새겨져 있는 그 문장 말이야. '과거를 기억하지 않는 자는, 그 과거를 다시 한 번 체험하도록 천벌을 받게 될 것이다……' 지금의 내 심정과 내가 하고자 하는 모든 언어들의 핵심이 그 한마디 문장 속에 있는 그대로의 무게를 지니며 통찰되어지고 있다네.

아, 싱클레어……

자꾸만 펜을 놓고 한숨을 돌려야 하는 걸 보니, 이젠 내가 견디어낼 수 있는 기력이 거의 다 떨어져 가는 것 같군. 마주보며 얘기하듯 많은 것들을 언급하며 긴 편지를 적고 싶은데도 말이야.

물론 처음에도 언급했지만, 이 글을 읽어 줄 자네가 없다면 이 언어들도 존재 없이 사라져 가는 하나의 뜬구름으로 잊혀지고 말겠지. 자네가 이 글을 받아볼 즈음이 되면, 나는 대지의 의지에서 벗어나 자네의 영혼 속에 존재하는 모습으로 나 자신이 바뀌어져 있을 걸세.

　죽음은 마지막이 아니라 시작이라네. 새로운 시작을 위한 영원한 되돌아옴과 되돌아감이지. 일과성(一過性)의 통과의례가 아닌 하나의 생에서 다음의 생으로 옮겨가는, 영원히 반복되어지는 일상의 관문일 뿐인 거야.

　황홀한 기다림으로 받아들일 수 있는 새로운 생에 대한 충만된 기대감. 자네가 우리의 신을 자네 인식으로 믿고 있다면, 그 아름다운 체험을 영혼으로 느껴볼 수 있게 될 거야. 돌아가신 나의 어머니께서도 기쁨의 표정으로 내 이름을 부르며, 내 안에 함께 살고 계신다네.

　덧붙여 한 가지 기억해 줄 것은, 그와 마찬가지로 자네의 영혼 속에서도 나는 이미 수십 년을 함께 생활해 왔고, 또한 영원히 살아 있으리라는 점이야. 보이지 않는 것은 단지 육신이라는 허상의 그림자뿐이지.

　아쉽지만…… 자네에게 전해 주고 싶은 마지막 한마디를 기록해 놓는 것으로 이 글을 마쳐야겠네. 다음 생에서 자네를 다시 만날 수 있게 된다면, 우리는 정말 아름다운 인류의 낙원을 설계하고 건설해낼 수 있을 거야. 그 확고한 믿음이 남겨져 있기에, 내 마지막 언어를 적고 있는 이 시간마저도 황홀한 생의 환희로 가득 채워놓을 수 있는 것 같네.

　좋은 친구였던 자네! 진정으로 내게 소중했던 그 하나의 의미를 위해, 내 인생의 마지막 기도를 우리의 신께 바치겠네. 경건한 생의 의식(儀式)으로 자네를 위해 나 자신을 이제 우리 신의 제단에 봉헌하겠네.

싱클레어!

언제까지라도 이 한마디만큼은 꼭 기억해 주게나. '이방인은 다음 세대의 인간이지, 현(現) 세대의 인간이 아니라는 것', 그 한 마디를 말이야.

저물어 가는 20세기의 우울한 가을 햇살을 바라보면서
자네의 충실했던 친구,
막스 데미안 보냄

채지민-약력

1993년 <시대문학> 시부, 1995년 <自由文學> 소설부로 문단에 나왔다. <그대에게 가는 길> <내 안의 자유> 등의 장편소설과, <마지막 눈물 사라지기 전에> 등의 시집, 일본에서도 번역 출간된 장편동화 <우리들의 노래> 등의 작품집을 20여 권 펴냈다. 제25회 삼성문예상 수상. 장애인권 월간지 <함께걸음>의 편집장을 역임했다.

수필

<수필>
오페라 나비부인
김이진

'명예롭게 살 수 없을 때는 명예롭게 죽어라.'
(Con onor muore chinon pu serbar vita con onore!)

결국 나비부인(초초)은 그녀의 아버지로부터 물려받은 단검으로 할복 자살을 시도하고 만다. 단조 가락의 장엄하고도 비탄스러운 음률이 아랫자락으로 낮게 밀려오며 그녀의 복부에서는 붉은 선혈이 흐른다. 나비부인(Butterfly)을 부르는 핑커톤의 절규가 가슴을 쥐어짠다. 나비부인 그녀가 배신에 대한 분노의 아이콘에 마지막 점을 찍는 장면이다. 그 사랑의 믿음과 배신에 대한 노여움이 하이얀 순백을 붉게 물들게 한다. 배신자의 뒤늦은 절규는 공연장 천정을 소용돌이 치면서 금방이라도 아래 좌석을 향해 내리칠듯이 마른 천둥의 울림을 자아내고 있다.

오페라 <나비부인>의 초연이 1904년 2월 중순(이태리 밀라노 스칼라 오페라 극장)에 있었다고 하니 실로 나에게는 무려 120년만의 뒤늦은 사건인 셈이다. 서양인의 상업적 음악 기법으로 동양의 정서를 우려낸 이 실황 공연을 예술의 전당 오페라 하우스에서 접하게 되다니 이 얼마나 대단한 사건인가. 고된 현장 업무를 마치고 귀가하는 자동차 안에서 유일하게 도피처로 활용되었던 클래식 음악이었다.

그러니 카세트 테잎이 닳고 닳아 마치 오래된 바늘을 통해 찌지직거리는 LP 판의 소리같다고 할지라도 그 감미롭고 애잔한 아리아를 볼륨을 높여 심취하는 것은 작은 사치라면 사치였다. 그렇지만 지금도 그런 감정을 지니고 있느냐고 반문한다면 솔직히 말해서 선뜻 그렇다고 대답하기가 곤란한 상황이긴 하다. 아무리 순수 예술이라 할지라도 균형 의식에 손상이 생겼다면 그 또한 의미상의 가치는 적잖이 반감하지 않겠는가. 일본 또는 일본인이 아닌 동양권 인종의 한사람으로서 그렇다.

주지하다시피 <나비부인>은 푸치니(Giacomo Puccini, 1858~1924, 이탈리아)의 작품이다. 원작의 나비부인은 미국 작가 J. L 롱이 잡지사에 소설로 각색하여 연재했던 작품이며 이어 영국의 연극무대에서 실연되다가 이를 본 푸치니가 오페라화하여 작곡한 대작이다. 그러니 정작 푸치니는 작곡 당시 일본에 가 본 적도 없다고 한다.

작품 구성을 보면 남녀 간의 애정 관계에서는 실제로 다반사로 일어나는 문제이고, 또 영화나 드라마, 픽션의 소재로서 단골 메뉴이기도 하다. 어쩌면 유치한 삼류 스토리에 불과할 지도 모른다. 하지만 어쩌랴. 보고 또 보아도 남의 집에 불난 것과 부부싸움같은 막장 드라마를 따라가는 즐거움이 어디에 있겠는가. 우리는 이처럼 흔히 뻔한 이야기에 식상해 있으면서도 한편으로는 자기도 모르게 더 빠져들어가는 중독성을 지닌 것은 아닐까. 더욱이 본 공연의 2막 1장 '어떤 갠날(Un bel di, vedremo)' 혹은 '꽃의 이중창' 같은 감미롭고 슬프도록 애절한 아리아들이 곁들여 진다면……, 우리는 겉잡을 수 없는 미묘하면서도 환각적인 현상에서 헤어나기 어려울 것이다.

배경은 1900년대 일본의 항구도시 나가사키(長崎). 내용은 미 해군 장교와 일본의 한 게이샤(藝者) 출신 여인과의 비극적 사랑 이야기다. 주인공 초초가 사랑했던 남자는 초라한 동양 여인과의 관계를 하룻밤 풋사랑 정도로 대수롭지 않게 여겼지만 상대 여인은 그와의 사랑을 굳게 믿어왔고 죽는 순간까지 그를 잊지 못했다. 그녀는 주변 사람들의 모든 반대에도 불구하고 심지어는 종교조차 남자의 신(개신교)으로 개종하면서까지 한 남자에 대해 맹신적인 사랑에 집착한다. 조상신을 가문의 최대의 예법으로 여기는 관습에서는 너무도 이례적인 해프닝으로 인식된다. 이런 걸 동상이몽이라고나 해야 할까.

　온세상을 누비는 우리 양키는 온갖 위험도 아랑곳 않고 이윤과 쾌락을 쟁취하죠. 어디든지 마음 내키는 대로 닻을 내리고……. (네이버 발췌)

　말하자면 강약의 불균형론에서 볼 때 초초(상)는 일종의 노리갯감이었다. 서양인에 대한 동경과 강자에 대한 선망에 환각의 콩깍지가 씌었다고나 할까. 더욱이 그녀에게는 게이샤라는 낮은 신분의 직업에서 벗어날 수도 있는 절호의 기회가 되는 셈이다. 말하자면 인종적으로나 경제적으로나 한층 우월한 서양인의 아내가 되어 동양권의 일본이라는 상대적 열등감으로부터 벗어날 수 있는 아메리칸 찬스가 된 것이다. 여기에 유난히 집착했던 것이 전형적인 초초라고 본다. 이미 입체적 환각에 혼을 빼앗긴 그녀에게 자신의 본국 주변인들의 모든 것이 눈에 들어올 리가 없다. 평면적인 모든 것에 식상해 있는 상황에서 훤칠한 키에 백색 톤의 깨끗한 피부, 크고 윤곽이 또렷한 콧날, 일본인 남성과는 비교할 수 없는 세련된 매너 그리고 멋진 해군 제복이 잘어울린는 서양 남성 하나만이 그녀의 선망이 된 상태이다. 일종의 일본적 서양인 팬덤이다. 그 때나 지금이나 별반 다를 것도 없다. 트럼프 대통령과 함께 골프를 치다가 쇼맨십에 충실했던 아베 총리를 보노라면.
　반면 파란 눈의 서양인들의 시각에서는 이미 까맣게 눈이 먼 양공주(洋公主)의 모습으로 비춰지며 비가시적인 우월의식의 쾌감을 만끽하고 있는지도 모를 일이다. 그런데 항구도시 나가사키 글로버 공원에 오페라의 주역 소프라노 미우라 다마키가 극중 차림새로 아기를 데리고 서 있는 동상이 있다 하니 이같은 수치스러운 아이러니가 또 어디에 있을까 여겨진다. 와비사비(侘寂) 정신에 깃든 그들만의 전통 의식인가. 극히 개인적인 견해이지만 이것은 일본인의 자가당착적인 동양적 한계인 것으로 판단한다.

태평양 전쟁(1939.~1945.)은 왜 발생되었는가. 1941년 그들이 미국 진주만을 공격한 사유는 무엇인가. 이 소용돌이 속에는 소위 일본 군국주의가 표방했던 대동아공영권이라는 야욕이 화마의 심지를 돋구고 있다. 아시아 대륙을 지배할 목적의 정치적 이념 속에는 넘어야 할 수많은 벽들이 내재하고 있었다. 그러나 그럼에도 불구하고 이미 일본 자국내 민초들의 삶은 극복할 수 없는 서양 선망의식을 배제하지 못한 것이다. 오페라 나비부인은 대표적으로 동양 콤플렉스의 상징적인 미묘성을 보여 준다. 당시 일본의 정황을 살펴 볼 때 현실적으로나 오페라라는 극중에서나 서양과 결코 평등하고 수평적인 사랑의 관계라고 볼 수 없기 때문이다. 오페라의 거장 푸치니는 대가답게 서양인의 입맛에도 맞고 동양인에게는 이국적이며 우호적으로 그리고 매우 효과적으로 넘을 수 없는 벽을 음악적 무늬로 도색했다.

그런데 최근 8·15 광복절 0시 우리나라 최대 공영방송국 KBS 1TV가 'KBS 중계석' 코너에서 지난 6월 29일 예술의 전당 무대에 오른 나비부인의 녹화본을 느닷없이 방영한 것이다. 예술은 표현의 자유가 뼈대를 받쳐준다. 그러나 주지하다시피 나비부인은 일본과 일본인이 주무대이며 일본의 군국주의를 표방하는 기미가요가 가미되었을 뿐아니라 당연히 기모노가 등장하게 된다. 훌륭한 예술이지만 잠정적으로 괴상한 예술이 됐다. 게다가 때마침 날씨 예보 방영시 화면에 작게 나타난 태극기가 좌우 반전된 일과 겹쳐지게 된 모양이다. 결과적으로 이례적인 속도로 방송심의에 들어갔다.

기미가요가 예민한 우리나라 반일감정의 아킬레스 건을 건드린 것이다. 그것도 8·15 광복절 0시에 최악의 국민적 콤플렉스의 개념을 망각한 채 새삼 물의를 일으켰다. 기미가요는 원래 일본의 국가(國歌)이자 일왕을 찬양하는 노래이다. 뿐만아니라 일제 강점기에는 황민화(皇民化) 정책의 일환으로 조선인들에게 강제로 부르게 했던 굴욕의 산물이다.

물론 당시 미국의 소설가 J.L 롱이 친일파라서 일본을 두둔한 것도 아니고, 이를 각본으로 오페라를 작곡한 이탈리아의 음악가 G. 푸치니가 일본을 유독 찬미해서 그런 것도 아니다. 그들은 오직 문학적 작품과 음악적 상품의 흥행과 경제적 수입이 목적이었다. 어쨌든 오페라의 구조상 우리가 가장 혐오하는 일본식 음악과 배경 그리고 복장이 등장한다. 국가 공영 방송 KBS는 일단 중대한 실책을 범한 것이며 게다가 금년 광복절 행사조차 정치적 이해관계 때문에 이리저리 갈기갈기 찢겨진 상황에서 애꿎은 예술작품을 불행하게도 비난의 도마에 올렸다. 다른 나라의 입장에서 보면 이해하기 어렵겠지만 우리나라의 특수성을 감안한다면 쉽게 해결될 문제이다.

　한편, 나는 다시 관계의 불평등문제에 대해 생각해 보게 된다. 남성과 여성, 동양과 서양, 미국과 일본, 그리고 강대국과 약소국, 더나아가 강자와 약자의 차별의식에 대해 다른 시각에서 견주어 보았다.

　나비부인 공연의 1막 초입부터 북아메리카 미국의 우월성과 상대적으로 열등한 일본의 기울어진 시소 게임을 보는 듯했고, 국가 연주 또한 미국적 강성 음률이 고음으로 주도하고 있음을 느꼈는데 과연 나만의 소견일까. 나쁜 남자 <핑커톤>이야말로 미국 혹은 서양의 우월적 상징이라면 어쩌면 나비부인은 동양 여인, 아니 전체 동양인이 겪어야 했던 비극적 희생물이 아니 었을까 비교해 본다. 상대적으로 강한 자는 약자에 대해 일종의 피해를 주고도 죄책감이 없거나 관심을 두려고하지 않는 경우가 적지 않다. 무심코 던진 말 한마디 조차도 때로는 상대방에게 깊은 상처를 안겨줄 수 있다는 세간의 막말들을 떠올린다. 이런 점에서 다시 언급하고자 하는 것은 푸치니의 예술 대작이며 전세계 곳곳에서 백년이 훨씬 넘도록 수없이 실연되어온 순수 오페라 작품이지만 나는 그런 고상한 상식 선보다는 어쩌면 저속할 정도의 세속성을 돌이켜 보았다.

　과거 베트남 전쟁 당시 한국의 파견군과 베트남 처녀 간에 소위 라이 따이한(Lai Taihan)이라는 사생아 문제가 제기된 적이 있었다.

일부 젊은 한국 군인들이 외로움과 불안감을 달래고자 베트남 현지 아가씨들과 이성교제를 한 사례들이 있었고, 그 후 전쟁의 종식에 따라 대부분 불가피한 생이별을 하게 되었다. 그리고 귀국한 군인들은 제대 후 한국에서 다른 여자와 결혼을 하고 자식을 낳았다. 물론 교제했던 베트남 여인 그리고 그들 사이에서 출생한 혼혈아 라이 따이한들을 두고서 말이다. 심지어 많은 한국군은 자신의 씨가 뿌려진 그 존재조차 알지 못한 것으로 추정한다.

그 후 과연 이 문제는 정치적으로 경제적으로 혹은 도덕적으로 어떻게 해결되었는가? 한국의 변형 핑커톤과 베트남의 또다른 나비부인, 그리고 그 불장난이 낳은 불쌍한 트러블의 복사판은 종결된 것인가?

얼마 전 베트남 다낭 여행 때의 일이다. 여행사의 한 젊은 가이드가 전용버스 안내석에서 부탁하기를 호텔에서 쓰지 않은 치약 칫솔 비누 등이 있다면 그냥 버리지 말고 전부 끌어모아서 자기에게로 갖다달라는 것이다. 왜 그런가 했더니 바로 라이 따이한과 그 후손들이 있는 집단 숙소에 제공하기 위한 것이란다. 잔존한 대부분의 라이 따이한들은 한국의 아버지가 누구인지도 모른다. 그러나 열악한 환경 속에서도 그들은 희망을 잃지 않고, 그리고 한국의 아버지를 원망하지도 않으며 꿈의 미래보다는 주어진 현실을 긍정하며 살아가고 있다. 베트남이라고 해서 혼혈의 유리벽이 금방 깨질 리는 만무하다. 그러니 그들을 돕기 위한 최소의 자선 목적으로 무심코 버려지는 생필품이라도 끌어모아 그들이 사용할 수 있게끔 하는 것이다. 이 점 참으로 부끄럽고 미안한 마음 어찌할까.

가난한 대학생을 힘껏 뒷바라지해서 사법시험에 합격시킨 여직공이 결국 그 신분 때문에 역으로 철저하게 배신당하고마는 과거의 심파성 이야기 등은 단순한 드라마의 한 픽션에 지나지 않을지도 모른다. 그러나 세상의 원리는 그렇게 간단하지 않은 것 같다. 고대 중국에서 제작된 고사성어 토사구팽(兎死狗烹)이라는 말이 여전히 흥행되고 있다. 주객 간에는 이용하고 버리고 버림받을 줄 알면서도 이용당하는 것이 흔하다. 여전히 나비부인의 수많은 변형들은 운명의 굴레처럼 살며 서로 부대끼고 있다. 여러 곳곳에서 보이지 않는 비극으로 돌고 도는 것은 아닌지 되돌아보게 된다.

핑거톤의 마지막 절규 '버터플라이'를 떠올리며 나는 지금도 아련한 전율과 함께 미묘한 앰비밸런스한 감정을 저울질하고 있다.

김이진-약력
2019년 <自由文學> 신인상 수필부 2회 추천 완료. 현재 자유문학회 간사.

〈수필〉
산 정상 화산마을
배덕정

수락산역 1번 출구, 이른 아침 기온이 영하로 떨어진다는 안내에 따라 두툼한 겨울옷을 꺼내 입고 마스크를 장착한 채 집을 나섰다. 차에 오르기 전 손 소독, 열 체크, 출석명부에 체크하고 관광차 리무진에 오른다. 최소 참가 인원으로 마을공동체를 견학, 우리 마을에도 접목시킬 것이 뭐가 있을까 일종의 벤치마킹을 하고자 함이 목적이다. 서둘러 나선 덕으로 1인석 앞자리에 앉았다. 단체장의 각별한 주의사항을 귀담아들으며 차내에선 잡담도, 음식 섭취도 그 달달한 커피 한잔도 마시면 안 된다는 엄중한 지침을 따르기로 했다. 단체 행사를 계획하고 실행하는 데 있어 '코로나19' 확진 증가 추세로 인한 사회적 고심을 누구라도 간과해서는 안된다. 도처에 위험이 도사리고 있기 때문이다. 언제나 단체장의 마음고생은 더할 나위 없이 크다. 확산이 되기 전 계획을 세웠고, 격상 단계가 올라가지 않았을 때지만, 모두가 사회적 거리 유지에 자체 개별 방역에도 각별히 유념해야 한다.

휴게소에 내려 간단한 아침 식사도, 햇볕이 내려앉은 양지에 각각 흩어져 백설기 한쪽으로 해결했다. 식당에 들어가는 일도 생략,

손님 없는 휑한 식당을 들여다보니 을씨년스럽기 짝이 없다. 이 믿기지 않는 현실이 도처에서 신음하고 있다. 세면대에서 손을 빡득빡득 문질러 씻고 와도, 다시 손 소독을 하고 차에 오른다. 누구 하나 방심은 금물이다.

경북 군위군 고로면 화북리에 위치한 하늘 아래 첫 동네 화산마을, 이 마을은 대통령직속기구 국가균형발전위원회가 주관하는 2020년 국가균형발전 사업평가에서 경북도내 유일하게 우수사례로 선정되어 각 지자체에서 관심을 모은 공동체마을이다. 현재 64가구 105명 거주, 주민 주도로 천혜의 경관 보전활동과 마을공동체 활성화를 통해 마을 자원의 가치를 높이고, 귀농, 귀촌과 방문객 증가 등 실질적인 성과를 이룬 마을이다. 마을공동체의 새로운 가능성을 제시한 점이 높은 점수를 받았다고 알려져 우리 마을 주민자치회에서는 모범 사례 견학지로 선정했다. 2019년도에도 제 6회 행복 만들기 콘테스트 경관 환경부문에서 전국 1위를 차지, 수상에 이어 균형발전사업 우수사례 선정 등 겹경사 영예를 안은 곳이기도 한 마을이다. 그야말로 꼬불꼬불 산동네, 내가 단순하게 생각했던 그런 산동네가 아니었다. 꾸불꾸불 산허리를 감아 돌며 문명의 이기가 올라간다. 마을로 향하는 도로는 보는 이로 하여금 기염을 용트림한다.

해발 800미터 고지의 마을, 들어는 보았던가. 굽이굽이 산 능선에 흰구름이 걸려있고 신선이 머물 듯한 마을, 사진작가들이 올려놓은 산수절경을 실제로 접하니, 안검하수로 답답하던 동공이 일시에 확장되어 시야가 훤하다.

800고지 산 정상 마을에 다다르자, 화산마을 이장님의 환대를 받으며 마을회관으로 들어섰다. 부녀회에서 준비해 놓은 무공해 산채비빔밥으로 출출하던 배를 채우고 마을 이장님의 우수마을 선정 사례 브리핑이 시작되었다. 이 마을은 1962년 박정희 대통령의 산지 개간정책으로 180여 가구가 이주해 정착을 이루었다고 한다. 내 나이와 비슷한 산속마을의 역사가 숨 쉬고 있다.

내가 태어나 60여 년 삶을 꾸려오면서 동시대의 흐름을 읽으니 왠지 모를 고단함이 더께로 앉아 있음을 느낄 수 있었다. 불모지를 아픔과 설운 눈물로 개간을 일궈낸 오늘의 마을공동체, 천혜의 절경을 허리에 두른 '화산마을'은 스마트한 기기의 발달로 인해 SNS로 세상에 널리 알려지게 되었다고 한다. 화면 속, 역사의 산증인 할머니 한 분은 산 위에서 살아온 60년 세월을 얘기하다 눈시울을 붉히기도 했다.

해발 800고지에서 세상과 동떨어진 생의 부대낌은 어떠했을까. 슈퍼도 없고 우편물도 오지 않는다는 산 정상 화산 마을, 늘상 볼 수 있는 것이 구름 위에 자신이 서 있다는 것, 신선이 머물 듯한 하늘과 맞닿은 정상의 삶이 궁금하다. 종일 해를 받으며 재배한 농원의 사과는 색깔이 다르다. 색깔이 먹빛구름을 닮아있다. 이장님은 올해 기후변화로 작황이 좋지 않아 상품 가치가 없어 판매는 할 수 없다고 한다. 대신 내년 작황이 좋으면 고랭지 배추와 사과를 구입해 주십사 부탁하며 나눠 먹을 사과 한 박스를 올려주었다.

마을회관에서 서로의 안부를 확인하고, 공동으로 식사를 하며, 내 것 네 것이 없는 공동의 삶은 행복지수가 얼마나 높을까. 요즘 나는 3000포인트를 경신하는 주식에 뛰어든 개미투자자들의 희비에 팔랑귀 되어 저울질한 적이 있다. 예전에 큰 손실을 봤던 원금 손실 보전을 위해 재투자를 해야 하나, 이러다가 멈칫멈칫, 해도 바보, 안 해도 바보, 이 불안한 심리가 가끔 나를 지배한다. 경쟁사회에 뒤쳐지면 어떡하나 전전반측, 지친 삶도 산 정상 화산마을에서는 한낱 부질없는 욕심이었다. 잠시 이들의 삶에 귀 기울여 본다. 한 번쯤 살아보고픈, 그러나 지금 시작하기엔 이미 편리함에 길들여진 생의 간사함이 저울질을 하겠지만 말이다. 나이 들면 문화생활 누리기 좋은 곳, 병원 가까운 곳에서 살아야 한다는 말들이 귓전에서 맴돈다.

이곳 부녀회장은 귀농할 생각 없느냐 묻는다. 자신은 산이 좋아 산 정상에 올랐다가 매력에 빠져 바로 다음 날 와서 계약을 하고 짐을 싸 들고 내려왔다는 장본인으로 '구름 위에 사는 수자 씨'로 인간극장의 주인공이기도 하다.

눈 뜨면 구름 위를 거닐며 자연을 거스르지 않은 그들의 삶에 존경을 표한다. 지상의 기온보다 10도 가량 차이가 난다는 화산마을, 이날도 지상은 가을인데, 두터운 파카로 털모자까지 쓰고 중무장을 했어도 화산마을은 옷깃을 여며야 하는 추위였다. 여벌로 챙겨 간 워머를 추위 타는 일행에게 건네니 머리에 두르며 좋아라 한다. 동장군 찾아들면 이곳 체감 온도에 난 버틸 수 있으려나. 그 드높은 산장에까지 전기를 끌어오고 물을 뽑아올린다는 게 신기하리만치 놀랍다.

산 정상 풍차전망대로 향했다. 기념사진을 몇 컷 남기고 그동안 닫힌 공간에서 느슨하던 심폐기능의 피돌기가 한껏 속도를 낸다. 청량한 초겨울의 산바람을 원 없이 들이마신다. 산 아래를 내려다보니 군위호가 용의 허리처럼 기품을 품은 채 휘돌고 있다. 산 정상의 평화는 하늘과 맞닿아 있고, 군위호의 거대한 물줄기가 그 어느 수채화 한 폭 절경에 비할까. 이곳은 억새 바람길도 조성되었고, 해바라기를 심어 '해바라기 잔치' 행사도 있어 객지에 나가 있는 자식들이나 관광객이 마을을 찾는 행사를 하기도 한다.

<

오늘 신문에 올라온 소식을 보니 '지역 정체성 확보와 브랜드 가치를 높이기 위해 새해부터 군위군은 '고로면'을 '삼국유사면'으로 행정구역 명칭이 변경된다고 한다. 일연스님이 삼국유사를 집필한 곳인 인각사가 고로면에 있는 역사적 사실을 반영했다고 한다. 옛 이름 고로면은 1914년 일제강점기 행정구역 개편 때 일본이 지배 편의를 위해 붙인 것이라고 한다(1월 7일자 서울신문) 역사 속 마지막으로 사라질 지명, '고로면'을 다녀와 새삼 의미부여를 하게 된다. 앞으로는 '삼국유사면 화산마을'로 더 많이 알려지기를.

지금 세상은 온통 '코로나19'와 전쟁 중이다. 세상과 동떨어진 신선이 머물 듯한 하늘 아래 첫 동네 화산마을, 공중 곡예로 날아가 한 달 가량 나를 내려놓고, 잡다한 생각 날리는 연습을 하며 심신을 달래고프다. 내 개인이 아닌 공동체의 삶에 한 발짝 관심을 올려보는 좋은 기회가 되었다.

하늘 아래 첫 동네 838고지
천혜비경 경북 군위군 삼국유사면 화산 마을
아슬아슬 산길 돌고돌아 마침내 발 딛은 곳
하늘과 맞닿은 신선이 노니는
내 것 네 것이 없는 우리로 사는 마을

배덕정-약력
2011년 <自由文學> 수필부 2회 추천 완료. 2024년 134회 <自由文學> 시부 2회 추천 완료. 노원문협 회장 역임.

〈수필〉
아버지의 소원
이예경

　해마다 명절이면 귀향 행렬을 티비로 보게 된다. 평소와는 달리 교통대란으로 정체가 심해서 불편하고 고생스럽게 가는 사람들이 한편 측은해서 좀 미리 다녀오면 안되나 하는 생각도 잠시 해본다. 서울에서 자랐고 친척들이 가까이 살아서 귀성행렬에 끼지 않아도 되는 게 다행스런 생각도 든다.
　그러나 87세 부모님께서는 왼종일 하염없이 귀송객들을 바라보며 한숨을 쉬신다. 부러워죽겠다고 자신은 언제 저렇게 고향을 가볼 수 있을까 눈물을 글썽이신다. 그리고는 고향의 가족과 친척들 그리고 고향산천 이야기를 풀어놓으신다. 나는 물론 수 십 번 들어 다 외우고 있는 내용이다.
　장손이셨던 아버지께서는 본의 아니게 60여년 전에 고향을 떠나오셨다. 그렇게 세월이 흘러갔어도 아버지께서는 어머님과 동생들의 안부가 항상 궁금하시다. 고향과 가족을 한시라도 어떻게 잊을 수 있을까 이산가족 상봉에 희망을 걸고 기다리시나 감감무소식, 아직까지 기회를 얻지 못했다.
　궁하면 통한다고 세월이 좋아져서 몇 해 전부터 미국 친척을 통해서 고향소식을 알게 되어 얼마나 반가워하셨는지 모른다. 첫 편지부터 지금까지 계속 뭘 보내달라는 내용 일색이라 약이니 카메라니 오리털 점퍼니 여러 가지 물자를 부지런히 보내주면서도 항상 기뻐하셨으나 꿈에도 소원은 이산가족 상봉이었다.

"내 생전에 통일이 될까."

툭하면 물으시는 말씀이다. 이제 부모님 연세가 팔순을 넘기면서 건강이 약해지시니 하루도 고향얘기를 안 하시는 적이 없다. 그러던 중 고향 친구가 북의 동생을 중국으로 불러 만났다는 이야기를 들으셨고, 아버지께서도 여동생과 조카를 중국에서 만날 계획을 세웠다고 하셨다. 팔순 아버님은 파킨슨병 치료중이라 보행이 불편하여 가벼운 산책 외에는 외출을 삼가왔는데, 그 멀고 험한 나들이를 결정하셨다니 의외였다. 추위와 건강을 이유로 친척 모두가 간곡히 만류했지만, 아버지께서는

"너희는 내 맘을 모른다."

하시며 필사적이셨다. 목적은 두 가지, 헤어질 때 11세였던 여동생을 만나 소식을 듣고, 큰조카를 만나 손잡고

"너는 나의 양자이다."

하며 뭔가 물려주고 싶은 것이 있다. 아버지는 딸 여섯 만으로는 만족이 안되셨다. 그리고 내일을 모르는 노인의 건강이니 더 이상 미룰 수도 없다.

아버지의 마음을 아는 나는 부모님의 간호사 겸 가이드로 따라 나서기로 했다. 우리는 카메라니 시계니 그들이 요구한 여러가지 선물을 준비하고 있는 중에, 불법체류 중국인 단속기간이라 중국행 비행기표가 동이 났다느니, 폭설로 교통이 마비되었다느니 여행불가로 결론이 나는 등, 황당한 일이 많았으나 아버지의 결심은 흔들리지 않았다. 결국 예정보다 한 달 늦어졌지만 영하 30도의 추위를 무릅쓰고 떠나게 되었다.

비행기를 타고서 우리는 모두 무사 귀환을 기도했다. 아버지와 어머니는 이동 변기를 챙기셨고 나는 여권이니 돈 가방에 짐까지 책임지고 있어서 어깨에 메고 손으로 꼭 붙잡고 내내 신경이 쓰였다.

드디어 중국 장춘 공항에 내리자, 뺨이 갈라지는 영하 30도의 추위를 실감하며 마음을 다독였다. 아버지를 모신 휠체어를 밀며, 생면부지의 중국땅에서 어떻게 앞일이 전개될지 가슴이 두근두근 뛰었다. 마중 나온 조선족 아주머니는 백두산을 넘어 고모가 기다린다는 집을 향해 가려면 8시간 남짓 걸릴 거라고 말했다. 달려가는 동안 나는 별별 상상을 다하며 긴장을 풀지 못했다.

새벽부터 달려온 길고 긴 여정이었다. 가로등도 없는 깜깜한 저녁 8시에 주택가 골목길에서 자동차가 멈추었다. 이제 현관문이 열리면 고모를 보게 될 것이란다. 문을 열고 안쪽에 두꺼운 장막을 들치고 아버지를 뒤따라 들어갔다.

"경자야."

"오빠."

하면서 두 분이 마주보고 섰는데, 아버지의 얼굴이 애써 웃으려다가 구겨지고 눈에 물기가 서린다. 어머니는 눈물을 보이지 않겠다고 결심을 했다더니 어쩔 수가 없나보다. 서로 손을 잡은 채 한동안 입도 열지 못하고 어쩔 줄을 모른다. 고모는 아버지 손을 붙잡고 방으로 이끈다. 조카는 사정이 있어 못 왔다고 한다. 봇물 터진 강물같이 연신 묻고 대답하는 옆에서 나는 정신을 놓지 않으려고 사진을 찍으며 머릿속에서는 녹음기를 돌린다.

첫눈에 앞니가 두 개나 빠진 노파 얼굴인 고모가 낯설었다. 이야기를 나누면서 보니까 고모 얼굴 속에 아버지의 얼굴이 들어있다. 목소리는 내 동생과 음색이 같고, 말투와 표정이 닮아서 한핏줄이라는 걸 숨길래야 숨길 수가 없다. 내 눈에도 그렇게 느껴지니 마중나온 조선족 아주머니가 공항에서 아버지를 보자마자 금방 알아보았다고 한 것이 이해가 된다.

우리는 아주머니네 집에서 2박 3일간 묵었다. 새벽 두시가 넘도록 이야기를 나누다가 잠을 청했지만 누워서도 이야기는 이어졌다. 다들 흥분과 피곤으로 잠이 올 리 없다. 고모는 오빠가 이렇게 불편한 몸인 줄 몰랐다며 연신 "나 같이 보잘것없는 사람을 보려고 그 먼 데서 그건 불편한 몸을 이끌고 왔소" 하면서 아버지 손을 꼬옥 잡았다. 미남 오빠는 팔십 노인으로 변했고 어린 소녀가 칠십 노파로 변했으니 피차 어이가 없다.

둘째날도 셋째날도 우리는 온종일 한 자리에 앉아서 밥 먹고 얘기하고 밥 먹고 얘기하고 시간도 잊었다. 할머니가 편찮으실 때, 통일 후에 장남이 오면 산소에 흙이나 뿌려달라 유언하셨던 일, 이야기는 끝이 없고 아버지는 가슴 저린 얼굴이다. 친척 친구 사촌의 이름을 대며 하나하나 소식을 물으며 지나간 50여년의 인생 진도를 서로 조정해 나갔다. 시간은 자꾸 흘러갔고 떠나기 전날엔 마음들이 착잡했다.

"고모, 우리 따라 한국 갑시다."

어머니가 갑자기 고모의 팔뚝을 당겨 꼭 잡으며 말했다. 나 역시도 그 순간에는 어떻게든 길이 있을 것 같고, 어떤 어려운 일이 있어도 꼭 모시고 같이 가고 싶었다. 고모는 흠칫 놀라며 격렬하게 도리도리를 치신다. 나이 칠십에 무슨 호강을 하겠다고 자기 자녀들과 헤어지겠느냐 한다.

2박 3일의 상봉 시간이 너무나 짧다. 만날 수 있었다는 사실이 좀 황당했던 일이라면 헤어져야 한다는 것 또한 어이가 없다. 우리가 다시 만날 수 있을까? 상봉이 엊그제였는데 이제는 서로가 이승에서는 영영 볼 수 없을지도 모른다. 아니, 못 보게 될 것이다. 그러나 서로가 말은 이렇게 한다.

"빨리 통일되어 다시 만나자."

"이젠 오빠의 건강만 챙기고 오래오래 사세요. 이제 다시는 물건 보내달라는 편지는 안 할 겁니다."

하면서 계속 손을 흔들고, 껴안고, 악수하고,…… 했던 말을 또 하고 또 한다. 장손인 조카를 만나지 못한 아버지는 편지와 봉투를 전하며 당부의 말씀을 한다.

다음날 장백을 떠나면서 고모가 간밤에 건넜다는 압록강변에 가 보았다. 참 그것도 강이라고 할 수 있을까? 강변 폭은 200미터도 안되는데 소리쳐 부르면 강 건너 저쪽에 서 있는 군인들이 쳐다볼 것 같다. 너무 가깝고, 물의 폭은 3미터 정도로 꽁꽁 얼었다. 깊이는 발목부터 허리 정도라 한다. 우리 모두는 압록강의 이쪽저쪽으로 자유로이 날아다니는 새들이 너무 부러워서 하염없이 보다가 떨어지지 않는 발길을 억지로 돌렸다.

중국에 다녀온 지 어느새 30년이 지났다. 얼마 후 그동안 편지 왕래하던 아버지의 사촌 동생들 그리고 조카 세 명도 모두 돌아올 수 없는 길로 떠나갔다고 했다. 그러다 갑자기 편지가 끊어져 서로가 아무런 소식을 모른다.

통일이 되면 반드시 고향에 뼈를 묻어달라고 당부하시던 아버지... 현재 소유하고 있는 집을 이북 조카의 아들에게 물려주겠다고 결심하셨던 아버지께서 떠나신 지도 10년이 넘었다. 통일이 되어 우리 모두 손잡고 고향땅에 아버지를 옮겨드리자고 하셨던 어머니께서는 백수 잔치를 열흘 앞두고 아버지께 가셨다. 고향땅을 가본 적 없는 자손들만 남았다.

명절을 맞이할 때마다 고향에 가는 분들이 평생 부럽다. 교통대란으로 아무리 정체가 심해서 불편하고 고생스럽다 해도 다녀올 수만 있다면 얼마나 좋으랴.

"내 생전에 아버지의 소원대로 해드릴 수 있을까요?" 툭하면 먼 하늘을 보며, 부모님께 묻고 있다.

이예경-약력
2002년 <自由文學> 신인상 수필부 당선. 수필집 <거꾸로 기울여보다> 외. 율목문학상, 경기도문학상 우수상 수상. 과천문인협회 회장 역임, 현재 이대동창문인회 이사.

〈수필〉
또 한 해를 보내며
진우곤

　갖가지 영욕이 뒤엉켜 어수선한 중에 또 한 해가 꼬리를 보이고 있다. 만감이 교차하는 가운데 나이가 들어갈수록 세월이 산마루를 넘은 수레처럼 **빠름**을 절감한다. 미상불 그 속도가 50대는 시속 50킬로미터로, 60대는 시속 60킬로미터로 달리는 자동차와 같다고까지 우스갯소리를 하겠는가.

　어느덧 나도 60대 중반이다. 거울을 보면 눈가와 목의 주름살에서, 점점 늘어나는 흰머리에서 말로만 듣던 노인의 티가 난다. 예전엔 금방 아물던 몸에 난 상처도 이젠 오래가야 나을 정도다. 그야말로 마음은 청춘인데 몸은 나이대로 가는 듯하다. 또 어린애처럼 가기 싫어하던 병원에도 곧잘 알아서 갈 만큼 사뭇 달라졌다. 그간 등한시했던 건강의 소중함을 이제 와서 깨닫기 때문이다. 이러매 나도 별수 없이 늙어가는구나, 하고 쓴웃음이 절로 나오곤 한다.

　나만 그런 게 아닌가 보다. 저마다 제 갈 길로 가는 친구들도 만나면 안부와 함께 건강을 화두로 꺼낸다. 헤어질 때는 서로의 어깨를 두드리며 어떻게든 건강하게 살자, 그래야 우리 또 만날 수 있지 않겠느냐는 말을 빠뜨리지 않는다. 왜냐하면 각종 질병으로 고생 중이거나 끝내 병마를 이기지 못하고 이미 저세상으로 떠난 친구들도 더러 있기에 남의 일 같지 않음을 잘 알기 때문이다.

　이미 정해진 답처럼 흐르는 세월과 함께 육체적 노쇠를 어찌 막으랴. 깎고 다듬어야 할 일은 널려있는데 그만한 체력이 받쳐주지 않을 때마다 신경이 곤두서고, 왠지 자꾸 초조해짐을 가눌 수 없다. 다만 남 앞에 떳떳이 내세울 게 있다면 문학에 꾸준히 정진하고 있다는 자부심이다. 그래서일까 아직은 기억력과 이해력만큼은 그런대로 괜찮다는 걸 위안으로 삼고 있다.

뒤돌아보면 올 한 해만 해도 나는 내일을 위한 휴식의 기회를 마련할 새도 없이 숨 가쁘게 달려왔다. 마음을 다부지게 먹고 실천궁행을 부르짖으며 연초에 세웠던 옹골찬 계획들. 그 중에는 내 뜻대로 이루어진 것도 있다. 반면에 미처 손도 대지 못한 채 그냥 흘려보낸 것도 있다. 그럴 때마다 뭔가 귀중한 것을 빠뜨리고 온 것만 같은 아쉬움과 허전함이 강력접착제처럼 달라붙는다. 게다가 머리로는 이해하지만 가슴으론 선뜻 받아들일 수 없는 일들이 얼마나 많았던가. 뭣이 정답인지조차 찾기가 생각처럼 쉽지 않을 때마다 목에 굵은 가시가 걸린 듯 답답하기 이를 데 없다.

여러 송년 모임을 갖고 어울리는 것도 이런 복잡하고 착잡한 기분을 달래고자 함이 아닐까싶다. 나 역시 건배사 제의를 받으면 버릇처럼 '향기로운 삶과 건강을 위해 건배!'라고 외친다. 즉, 추하게 늙어가지 않기 위해서는 각자 향기로운 삶에 목표를 두고 건강을 유지하며 살아갈 것을 주문함이다.

이젠 세상이 바뀌어도 너무 바뀌고 있다. 걷잡을 수 없는 변화 앞에서 때로는 눈이 휘둥그레지기도 하고, 곳곳에 무서운 함정이 도사리고 있는 듯 겁이 더럭 나기도 한다. 이로 인해 앞날을 예측할 수 없는 불확실성이 일상을 강타하며 무질서와 혼란을 부채질하고 있다. 걸핏하면 뭐가 뭔지 모르는 오리무중에 빠져 우왕좌왕하게 만들기 일쑤다.

그 여파 탓인지 작금의 우리 사회도 억장이 무너질 만큼 건전한 가치관의 부재나 전도로 몸살을 앓고 있다. 진작부터 도덕과 윤리는 직격탄을 받아 망신창이가 된 지 오래다. 심지어 냉대와 무시를 받고 있다. 때로는 어이없게도 정도와 상식을 지키며 어질게 살려고 애를 쓰는 사람들의 설 자리가 몰라보게 좁아지고 있다. 이유인 즉 그런 처세가 시대의 흐름에 역행하는 것인 양 취급해 따가운 시선을 던지거나 손가락질까지 하는 마당이기 때문이다. 이런 아이러니도 없다.

흡사 내일이 없는 양 남과 더불어 살기보다는 그저 나만 좋고 편하면 그만이라는 지나친 이기주의와 자기중심적인 사고방식이 만연하고 있다. 서로 깍쟁이처럼 내 것, 네 것 따지길 예사로 여길뿐더러 더 나아가 시기와 탐욕으로 아귀다툼의 장으로 이끌어가기에 혈안이다. 남이야 어찌됐든 자신의 이익만을 챙기기 위해서 비열한 수단을 동원하기를 일삼고 혼자만 똑똑하고 잘났다고 드러내기를 서슴지 않는다.

이런 탐탁지 않은 시류에 휩쓸려 자신의 정체성을 잃고 이러지도 저러지도 못하는 상황에 직면하는 경우가 허다하다. 자연 끈끈하고 아름다워야 할 공동체의 질서는 헝클어지고 사회는 점점 불안과 공포 속으로 치닫는다. 올해와 같이 장기간에 걸친 난기류에 버금가는 고용한파가 풀리지 않는 것도 심각한 문제다. 너나없이 살기 어려워서일까 감히 생각해낼 수 없는 흉악한 범죄마저 서슴없이 저질러지고 있어 한시도 긴장의 끈을 놓을 수가 없다.

뿐더러 서로가 서로를 믿지 못하는 불신의 벽이 날로 높아져 친구마저 못 믿는 세태다. 때로는 그것이 사람을 지치고 힘들게 만들고 있다. 잡초가 무성한 밭을 보는 듯 사뭇 가슴이 아프고 저리는 일이다. 눈물을 훔치게 만드는 감동적인 광경들이 더없이 그립기만 한 것도 이런 까닭이 아닐까싶다.

나 역시 먹고사는 일에 매달리느라 생각을 가다듬지 못한 채 쫓기듯 썼던 작품들을 뒷날에 다시금 읽어보면 더러는 설익은 과일 맛이 난다는 걸 발견하게 된다. 또 온전히 마무리 짓지 못한 채 수북이 쌓여가는 초고들을 볼 때마다 안타까움과 함께 울적한 심사를 가눌 길 없다. 엄살과 변명 같지만 삶에 여유가 없다는 게 여전히 걸림돌이나 족쇄처럼 여겨지기 때문이다.

이러한 현실이지만 그렇다고 팔짱만 끼고 구경만 할 수도 없다. 얼핏 소소해 보일지라도 이제껏 인정을 나누고 베풀며 사람답게 사는 것을 지향하며 살아왔다. 알게 모르게 삶의 보람과 가치를 느꼈다. 그것에 초점을 맞추고 문학을 통해 구현할 수 있었던 건 새삼 뜻 깊은 일이다. 세상이 내 뜻대로 되지 않더라도 조급함을 버리고 한 발짝 비켜서서 간과하기 쉬운 것들을 요모조모 찾아내어 진지함이 녹아든 작품과 시낭송으로 뭇사람에게 감동을 전하고 싶다.

그러자면 아무래도 내 자신의 신념과 철학이 담긴 생활이 지속되어야 한다. 내 안에서 끝없이 타오르는 삶에 대한 뜨거운 애정의 불을 멀건이 지켜만 볼 수는 없기에 말이다. 그러노라면 내 힘으로 일궈낸 값진 열매들이 주렁주렁 매달린 채 딸려 나오리라 믿어 의심치 않는다.

소크라테스는 '반성이 없는 생활은 죽은 삶'이라고 했고, 톨스토이는 '행복한 사람이란 한 해의 마지막에서 지난해의 처음보다 훨씬 나아진 자신을 발견한 사람이다.'라고 했다. 그 말들을 곰곰이 생각해 보며 주어진 세월을 꼭꼭 씹어서 내 편으로 만들겠다는 다짐을 해보는 것도 결코 무익한 일만은 아닐 것이다.

짧은 인생이지만 세상이 어떻게 변하든 진정 내가 나답게 사는 길이 어디에 있는가를 한번쯤 생각해 보는 여유를 가질 때 새로운 삶의 활력소를 찾는 길이 단연코 열리지 않겠는가. 설사 호랑이의 모습을 그리다가 최선을 다했음에도 능력이 모자라 고양이의 형상을 그릴지라도 일없다.

맑고 밝은 생각이 한 군데로 모아진다. 저물어가는 한 해를 바라보며 조용히 옷깃을 여미고 있다. 오늘 밤엔 눈이 내린다고 한다. 마음을 차분히 가질 수 있도록 눈이라도 푸짐하게 내렸으면 좋겠다. 아니, 달콤한 꿈이라도 실컷 꿔봤으면……

진우곤-약력
2003년 <自由文學> 신인상 수필부 당선. 수필집 <개가 개답게 사는 세상>, <부자로 사는 길>. 제10회 자유문학상, 율목문학상 수상. 현재 과천문협 상임부회장. 자유문학회 감사.

<수필>
'호로자식'에 대한 변명
한한눌

'호로자식'에 대한 우리 말 유래 사전에 보면, '배운 데 없이 제 멋데로 막 자라서 교양이 없는 놈'을 지칭할 때 호로자식이라 부른다. 이의 원 말은 '홀의 자식이다' 같은 뜻으로 '중국 북방의 이민족의 흉노(凶奴)를 일컫는 호로(胡虜)를 가르킨다'라는 설명이 붙어 있다.

첫 말인 '홀의 자식'은 아비 없이 홀로 자라서 예의 범절도 모르는 자식이겠으나, '호로자식'의 호로란 동북지역에 거주했던 우리 동이족을 일컬음이며 한(漢) 족들이 흉노라 폄하하여 부르던 말이다.

역사를 들먹이지 않더라도 만주지역은 고조선의 강역이었고, 여진족은 고조선을 이어 받은 고구려 족이었으며, 668년 고구려 멸망 후 대진국(발해국)을 수립했던 우리 민족의 태동지가 아니었던가.

거슬러 올라가면 여진족은 숙신, 주신, 말갈 등으로 불리었으나 이는 고조선의 통칭이다. 호(胡)자는 멀 호의 뜻도 있으니, 세월이 참으로 오래된 나라이다.

대조영의 대진국(발해국)이 14대 228년을 이어 오다가 926년 거란(요)에 멸망하고, 요는 1125년 금(金)나라에 멸망하는 역사의 악순환기를 거친다. 금(金)나라는 1115년 완안아골타(阿骨打)가 세운 나라로 고려 평주인인 김 행(金 幸) 4세손으로 되어 있다.

아골타의 7대 조인 '함보금사세기(函普金史世紀)'에는 김함보(金函普)가 金나라의 시조(始祖)로 되어 있고, 만주원류고(滿洲源流考)에는 함보(函普)가 신라종성(新羅宗姓)인 김씨(金氏)이므로 국호를 금(金)으로 했다고 기록되어 있다.

또 '여진과 발해는 원래 한 가족이다(女直, 渤海本同一家).'라는 기록도 보이니, 동이족이다. 金나라는 1234년 몽골과 남송에 의해 멸망한 뒤 1616년 누루하치가 金나라를 이어받아 후금(後金)을 건국하고, 1636년 국호를 청(淸)으로 바꾸어 1911년 신해혁명으로 중국이 통일될 때까지 지속된다.

그러면 '호로자식'은 언제부터 지칭되어 왔는지 그 역사적 배경을 보자.

1592년 임진왜란 당시 청태조 누루하치는 선조임금에게 '부모의 나라를 침략한 쥐 같은 왜구들을… 수장시키겠다.'는 요지의 편지를 보냈으나, 조선은 청의 도움을 거절했다 인조반정으로 등극한 인조는 광해군 때의 明과 청나라 사이의 중립정책을 지양하고, 숭명반청(崇明反淸) 정책을 씀으로 하여 1627년 후금의 침입을 받고 형제의 의를 맺었는데, 이것이 정묘호란이다.

이후 청은 형제국에서 군신 관계로 고칠 것과 신사를 강요하는 등 무리한 요구를 계속했으며, 인조는 사신의 접견마저 거절하고, 청과 결전할 의사를 보이는 등 강경한 자세를 취했다.

이같은 결정은 조정안에 주화론자(主和論者)보다는 척화론자(斥和

論者)가 득세, 청의 요구를 묵살한 것이다 조선의 도전적 태도에 분개한 청 태종은 1636년(병자) 12월9일 12만 대군을 일으켜 쳐들어왔다.

 인조는 백관을 거느리고 남한산성으로 피신했으며, 강화도의 함락 등 전세의 불리함이 계속되자 성문을 나와 삼전도에 설치된 수향단에서 굴욕적인 항례를 하게 되며, 이후 청나라에 복속되고 만다 이 참혹한 전쟁의 결과는 수 만 양민의 납치와 고아의 양생을 가져왔으며, 이후 부녀자들의 환향(화냥년)에 따른 이혼 문제 등이 사회, 정치적 문제로 크게 대두된다.

 볼모로 잡혀갔다가 환국한 소현세자는 독살되고, 인조의 뒤를 이은 효종(봉림대군)은 볼모생활의 굴욕을 되새기며, 북벌 계획을 추진했으나 뜻을 이루지 못한다. 소현세자는 볼모 생활 중 독일인 신부였던 아담 샬(Johanne Adam Schall, 1599.~1666.)과 조우, 친교를 맺게 된다.

 아담 샬은 복음서, 신학입문서와 과학서 등 20여 권의 저서를 남겼다. 세자는 1644년 2월 신부가 준 서적과 성물(聖物), 그리고 신자였던 청나라 환관과 궁녀를 데리고 8년 만에 귀국하나, 그 해 4월 34세의 짧은 나이로 생애를 마감, 선교 계획은 수포로 돌아간다.

 아담 샬과 세자의 이해가 맞아떨어졌던 조선 왕실과 민중을 위한 원대한 교화의 꿈은 자신의 죽음을 재촉한 결과가 되고 말았다. 서양 문물을 접하고 시대에 뒤진 조선 사회를 선진화 사회로 개혁하고자 했던 세자의 이 계획은 기득권 유지와 변혁을 두려워한 유교 중심의 집권 사대부들 입장에서는 사악한 이단자요, 반역자였을 뿐이었다.

 수천 년간 하늘민족(天孫民族)의 터전이었으며, 조상들의 숨결이 묻어나던 드넓은 중원의 고토 회복과 평등사회를 꿈꾸었을 소현세자. 370여 년 전 이미 복음서의 내용을 보며 오늘을 보고 있음이리라.

"내 백성이 지식이 없으므로 망하는도다. 네가 지식을 버렸으니 나도 너를 버려 내 제사장이 되지 못하게 할 것이요… (호세아서 4;6)" "그들이 알지도 못하고 깨닫지도 못함은 그 눈이 가리워져서 보지 못하며 그 마음이 어두어져서 깨닫지 못함이라"(사 44;18).

세자는 이 백성이 다시 봉기하여 동북공정에 맞서 다물을 하고자 염원한다면, 정략에 희생된 짧은 생애이나 '내가 이 땅에 헛되이 태어나지 않았다.'고 자위하지 않았을까?

조선을 부모의 나라라 칭했던 청나라, 사대주의와 붕당정치로 병란을 자초하여 나라를 망친 조정. 고조선 이래 동이 후예들이 부침을 거듭하며 다시 일어났던 청의 침략은 처절한 동족상잔이었다.

청나라 조정은 1667년 이후 산해관, 희봉구 등 9곳에 변문을 설치하고 버드나무를 심어 경계로 삼아 한족(漢族)의 출입을 금지한다. 유조변(柳條邊: 버드나무 방책)은 산해관을 시작으로 동북으로 장춘까지 그리고 개원에서 압록강 하구까지 약 1320킬로미터에 이른다. 버드나무는 신령스러운 신목(神木)이었으며, 고조선의 성역(聖域)을 한화(漢化)로부터 지켜내기 위한 방안이기도 했다.

고조선 강역 일부인 요동과 만주를 지키려 안간힘을 쓰던 청나라 조정, 허나 한반도 조선은 소중화사상을 자청하고 형제들을 오랑캐로 불러왔다.

역사는 현재를 사는 이들의 교훈이다.
행촌 이 암 선생은 단군세기(檀君世紀)에서 '역사를 잃음은 곧 나라의 혼을 잃음과 같다'고 피맺힌 절규를 하고 있다.

　중국의 동북공정으로 우리 역사는 침탈당하고, 제자리를 잃고 헤매는 이 시점에 역사 인식을 통한 민족사의 회복이 바로 다물(多勿)이다.
　한 시대를 거울 삼고, 낱말 하나에서도 가려 쓰는 지혜를 가져야 되지 않을까 싶다. 우리가 이들을 '호로자식'이라 부르고 있음을….

한한눌-약력
본명 한문수. 1945년 전북 군산 출생. 동국대학교 행정대학원을 다녔고, 신문기자 생활을 했다. 성균관석전교육원에서 고대사 및 계보학을 강의, 현재는 우리역사교육원에서 강의 중이며, ㈜태신미디어 족보사업본부에 재직 중이다.
2023년 <自由文學> 봄호에 신인상 수상, 역사수필가로 등림. 저서 및 주요 강의 주제는 <한국 고대사의 키워드> 출간, <符都誌>, <檀君世紀>, <高麗史列傳> 譯解. 연구 논문으로 '箕子朝鮮은 幻作되었다,' '단군세기에 기록된 경당과 천문역사 고찰,' '上古 문자학의 기원,' '연개소문과 皂衣仙人' 등이 있다.

자유문학회

상임고문	申世薰
자문위원	박두순 이주남 신중선 신새별 신주원
명예회장	김진중
회 장	오을식
부 회 장	김윤한 채지민 문봉선 박정희해남 김길애
상임이사	강서일
감 사	신효석 진우곤 徐 鄕
사무국장	김승혁

*본지는 자유문학회 회원 여러분의 회비로 발행됩니다.
 회비 계좌번호: 국민은행 068801-04-402157(자유문학회)

자유自由, 문학文學, 사람들 2025 자유문학회 사화집

발 행 일	2025. 6. 10.
발 행 인	오을식
편집위원장	채지민
편 집 위 원	문봉선 박정희해남 김길애 김승혁 임율려
발 행 처	자유문학회
주 소	04623. 서울시 중구 서애로 27. 서울캐피털빌딩 302호 '自由文學' 내
전 화	02-745-0405
이 메 일	s612sh@naver.com
제 작 처	04623. 서울시 중구 서애로 27. 서울캐피털빌딩 302호 도서출판 天山(自由文學 출판부)

ISBN 979-11-92198-19-4　03810　　　　　　　　　　　값 30,000원